AF525715

Wege aus Eisen in Oberösterreich

PETER WEGENSTEIN

Wege aus Eisen in Oberösterreich

Zur Geschichte der Eisenbahn im Land ob der Enns

Zum Umschlagbild:

In der ursprünglichen Endstelle Attersee Landungsplatz stehen am 22. Juli 1965 B4ET/s 26 106, BD/s 26 250 und BeIT/sm 26 101 als Personenzug VA 34 bereit. Die Strecke von Vöcklamarkt nach Attersee ist eine der für Oberösterreich typischen elektrischen Lokalbahnen, die von Stern & Hafferl betrieben werden.

Druck: Finidr s.r.o.
www.edition-wh.at
ISBN 978-3-9519804-1-6

Inhalt

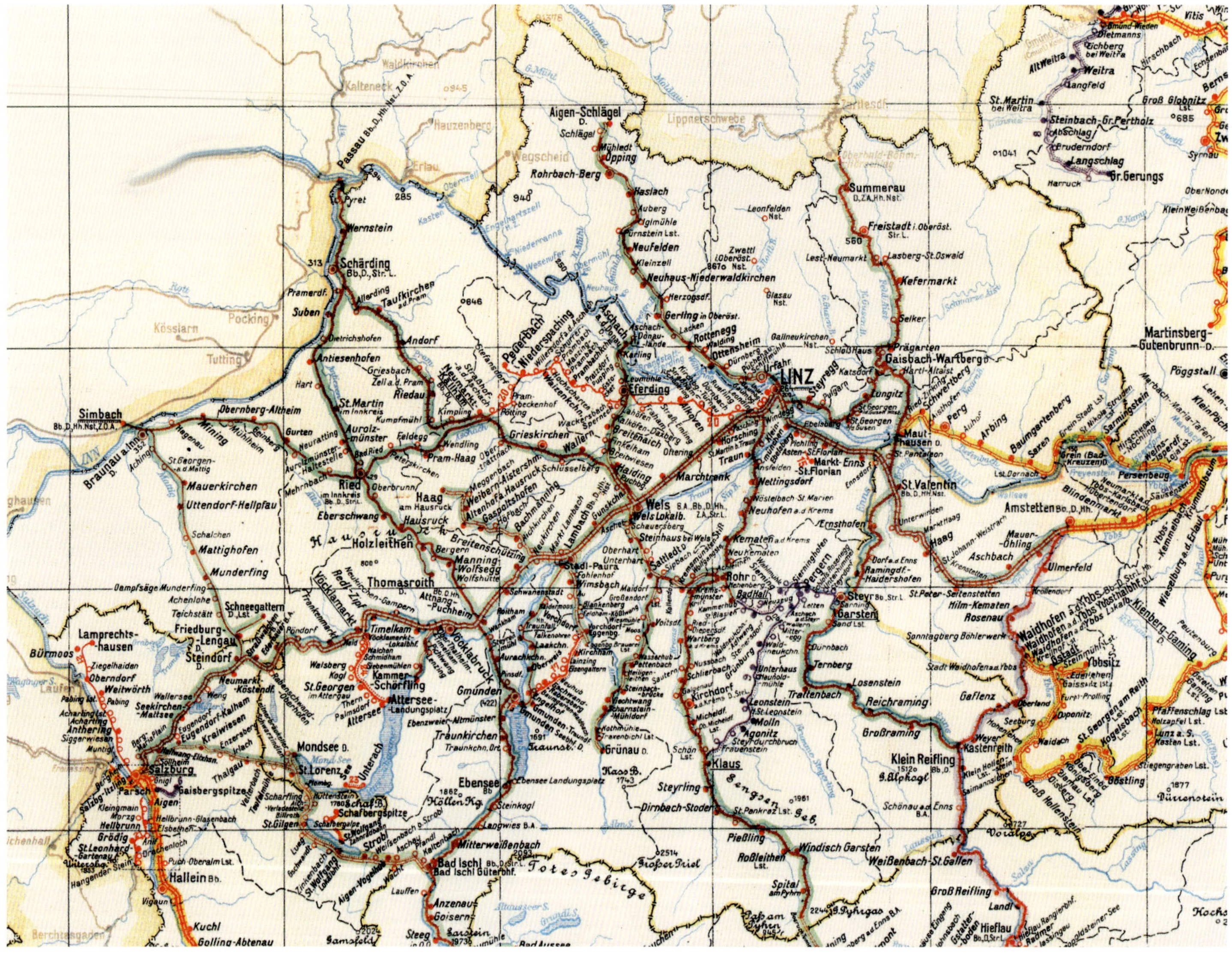

Einleitung

Die wirtschaftlichen Grundlagen von Oberösterreich bilden die Salzvorkommen im Salzkammergut, von 1785 bis 1995 der Kohlenbergbau im Hausruckgebiet und seit 1943 die Montanindustrie in Linz sowie die Land- und Forstwirtschaft. Große Bedeutung für die Transporte hatten die Wasserwege. Schifffahrt wurde auf der Donau und auf der Traun mit einem Schifffahrtskanal beim Traunfall betrieben, geflößt wurde auf vielen Flüssen und ab dem 14. April 1791 am Schwarzenberg'schen Schwemmkanal. Der Bedarf an einer Verbindung zur Moldau führte 1827 zum Bau des ersten schienengebundenen Verkehrsweges in der Monarchie.

Für den Textteil dieses Buches wurden die folgenden amtlichen Unterlagen über den Schienenverkehr verwendet: „Notizenblatt für Eisenbahn- und Dampfschifffahrt-Unternehmungen" (1860, 1861), „Centralblatt für Eisenbahnen und Dampfschifffahrt in Österreich" (1862–1869), „Centralblatt für Eisenbahnen und Dampfschifffahrt der Österreichisch-Ungarischen Monarchie" (1870–1887), „Verordnungs-Blatt für Eisenbahnen und Schifffahrt" (1888–1924) sowie das „Anzeigeblatt für Verkehr" (ab 1924). Um ein umfassendes Bild der Geschichte der Eisenbahnen zeichnen zu können, wurden weiters Geschäftsberichte der Bahngesellschaften, Nachrichtenblätter der einzelnen Bahn-Direktionen sowie Akten aus dem Österreichischen Staatsarchiv und Artikel aus Tageszeitungen ausgewertet.

Insgesamt umfasst der Zeitraum, von dem berichtet wird, 193 Jahre, in denen sich die Schreibweise vieler Namen von Betriebsstellen verändert hat. Bei den noch existierenden Betriebsstellen wird daher die derzeitige offizielle Schreibweise der Bahnverwaltung verwendet, bei aufgelassenen Betriebsstellen die Schreibweise zum Zeitpunkt der Auflassung.

Noch ein Hinweis: In vielen Fällen sind die Gründung der Bahngesellschaften, die Konzessionserteilung, der Baubeginn, die Prüfung und Eröffnung der Strecken nicht in der chronologisch richtigen Reihenfolge angeführt. Das ist jedoch korrekt, da sie tatsächlich in vielen Fällen nicht eingehalten wurde.

Für die Illustration dieses Buches konnte neben eigenen Fotografien auf Fotos passionierter Eisenbahnfotografen sowie die Archive von Sammlern zurückgegriffen werden. Ein großes Dankeschön an diese Unterstützer. Die abgebildeten Fahrkarten stammen aus der Sammlung des Autors.

Eisenbahnkarte der Republik Österreich (Ausschnitt) aus dem Jahr 1922.

Der Lokzug mit 93.1443 verlässt am 10. Juli 1959 von Urfahr kommend am stadtseitigen Donauufer die Donaubrücke.

Die Pferdebahn

Von Budweis über Linz nach Gmunden (196,780 Kilometer, davon 143,147 Kilometer in Oberösterreich). Von Linz Gleisdreieck bis Zizlau (2,354 Kilometer) einschließlich der weitergeführten Strecke von Lambach nach Gmunden (27,498 Kilometer)

Die Pferdebahn erreichte in Kilometer 53,694 in 685,4 Meter Seehöhe bei Eisenhut Oberösterreich. In einer vier Kilometer langen Doppelschleife stieg sie bis Kerschbaum auf 713,4 Meter Seehöhe an und senkte sich gegen Rainbach und südlich des Heiligenberges Richtung Summerau. Nun folgte sie der Streckenführung der heutigen Bahn, überquerte in einer Schleife das Kronbachtal und gelangte zum heutigen Bahnhof Freistadt. Danach ging es nach Süden an den Westhängen des Feldaisttales, anschließend über die Wasserscheide zwischen Feldaist und Kleiner Gusen. Bei Unterweitersdorf bog die Strecke nach Westen ab, umfuhr Gallneukirchen, übersetzte die Große Gusen und den Mirellenbach und gelangte an den Osthängen des Linzerberges weiter über das Katzbachtal bis St. Magdalena. Nun ging es zur Leonfeldner Straße, entlang dieser bis zum Bahnhof Urfahr (dieser Bahnhof lag etwa am Platz der derzeitigen Straßenbahnschleife Sonnensteinstraße). Als Nächstes übersetzte die Bahn in Linz auf einer Brücke am Platz der heutigen Nibelungenbrücke die Donau, gelangte zum Bahnhof Hauptmaut in Kilometer 126,848 in 254,1 Meter Seehöhe (heute Adalbert-Stifter-Platz), fuhr dann der Eisenhandstraße folgend zum Südbahnhof und von dort entlang der Lastenstraße bis zur Abzweigung Gleisdreieck (heute Straßenbahnhaltestelle Turmstraße). Hier begann die Abzweigstrecke zum Traun-Donauhafen in Zizlau. Dieser lag mittig zwischen dem heutigen untersten Hafenbecken und der Traunmündung.

Die Strecke nach Gmunden führte der Salzburger Straße und der Bundesstraße 1 folgend weiter Richtung Wels, dann ging es neben der Traun bis zum Bahnhof Alt Lambach (der in der Nähe des heutigen Bahnhofs Stadl-Paura lag). Nach einem Bogen erreichte sie die noch bestehende Trasse nach Gmunden. Diese führt nach Südwesten und folgt der Traun bis Oberweis, danach gelangt man auf ihr über die Hochebene nach Engelhof, schließlich fällt sie bis zum Seebahnhof ab. Die Pferdebahn führte ursprünglich zum Bahnhof Traundorf in der Annagasse in Gmunden, dann über die Traunbrücke bis zum Rathausplatz zu den Salzmagazinen und zur Schiffsverladung.

Im Bahnhof Kerschbaum der Pferdebahn wurde ein Museum eingerichtet und am 28. Juni 1996 mit einem rekonstruierten Stück der Pferdebahnstrecke ergänzt. Am 18. Mai 1997 erinnert ein Transport (so wurden damals die Züge genannt) mit einem nachgebauten Personenwagen III. Klasse an den seinerzeitigen Betrieb.

Das am 24. August 2019 fotografierte zweibogige Kronbachviadukt oberhalb von Freistadt ist vollständig erhalten geblieben und erinnert heute noch an die Pferdebahn.

Das in den kaiserlichen Salinen im Salzkammergut gewonnene Salz wurde auf dem Wasserweg über den Traunsee, die Traun und die Donau abtransportiert. Das in den Norden zu transportierende Salz musste mit Pferdefuhrwerken ab Mauthausen zur Moldau gebracht werden und konnte dann auf dem Wasserweg weiter verteilt werden. 1807 untersuchte man, ob man die Donau und die Moldau mit einem Kanal verbinden könnte. Das hätte jedoch den Bau von mehr als 275 Schleusen erfordert und den Transport langsamer und aufwendiger gemacht als jenen auf der Straße. Nach englischem Vorbild, dort gibt es seit 1801 Pferdebahnen, entstanden 1807 und 1808 erste Pläne einer Pferdebahn zwischen Donau und Moldau. Am 7. September 1824 erhielt Franz Anton Ritter von Gerstner das Privilegium zum Bau einer Holz- und Eisenbahn zwischen Budweis und Mauthausen.

Der Baubeginn erfolgte am 27. Juli 1825. Am 2. Oktober 1826 wurde die k. k. priv. Erste Österreichische Eisenbahngesellschaft gegründet. Die Betriebsaufnahme von Budweis nach Trojern (Zartelsdorf) erfolgte am 7. September 1827, von Trojern nach Untersteindörfl am 10. Oktober 1828 und von Untersteindörfl über die Staatsgrenze nach Kerschbaum am 1. April 1829.

Die aufwendige Trassenführung, die einen späteren Lokomotivbetrieb ermöglichen sollte, führte zu massiven Baukostenüberschreitungen. 1828 ersetzte die Gesellschaft Bauleiter Gerstner durch Ingenieur Mathias Schönerer, der eine billigere und einfachere Trassenführung realisierte.

Die Betriebsaufnahme von Kerschbaum nach Lest erfolgte am 1. Juni 1830, von Lest nach Linz Hauptmautamt am 1. August 1832.

Ab 1. April 1833 wurden auch Personentransporte durchgeführt. Die Bahn hatte eine Spurweite von 42 Wiener Zoll (1106 Millimeter) und eine Länge bis Linz von 17 1/2 Meilen (128,848 Kilometer). Sie war die zweite derartige Bahn in Europa; die Pferdebahn von Saint-Étienne nach Andrézieux (Frankreich) war bereits am 1. Juni 1827 in Betrieb genommen worden.

Die Erhaltung des Wasserweges vom Traunsee über Traun bis Linz verursachte jährlich sehr hohe Kosten. So kam es 1815 zur Planung und am 16. Juni 1829 zur Genehmigung einer Pferdebahn, die die Erste Österreichische Eisenbahngesellschaft realisierte. Der Baubeginn erfolgte im Frühjahr 1834, Betriebsaufnahme von Linz Hauptmautamt bis Maxelhaid am 1. November 1834, von Maxelhaid bis Wels und von Linz nach Zizlau am 1. April 1835, von Wels nach Alt Lambach am 1. August 1835 und von Alt Lambach nach Gmunden Rathausplatz am 1. Mai 1836.

Der Anstieg der Kosten des Pferdebetriebs veranlasste die Gesellschaft, den Lokomotivbetrieb zu erproben. Dazu wurde eine Lokomotive in der Lokomotivfabrik Wiener Neustadt gekauft, die am 9. Juni 1854 in Linz eintraf. Die Probefahrten begannen im Bahnhof Urfahr am 11. Juni 1854, am 18. Juni 1854 fuhr man bis Budweis und am 21. Juni 1854 bis Gmunden-Traundorf. Aufgrund des Ergebnisses der Probefahrten wurde der Abschnitt nach Gmunden auf Lokomotivbetrieb umgestellt, nach Budweis unterblieb dies aus Kostengründen.

Der Lokomotivbetrieb erforderte den Umbau der Strecke (den Bau von Wasserstationen, Heizhäusern, Schranken bei Eisenbahnkreuzungen, die Signalisierung und Oberbauverstärkung). Am 17. Juli 1855 erhielt die Bahn die Konzession für den Lokomotivbetrieb von Linz Südbahnhof nach Gmunden-Traundorf. Nach dem Mischbetrieb von Pferden und Lokomotiven folgte am 1. Mai 1855 die endgültige Auflassung des Pferdebetriebs zwischen Linz Südbahnhof und Alt Lambach, am 1. Juni 1856 von Alt Lambach nach Engelhof und am 1. September 1856 von Engelhof nach Gmunden-Traundorf. Bis Gmunden Rathausplatz blieb der Pferdebetrieb bis zur Auflassung der Strecke am 24. September 1871 bestehen.

Anlässlich des Baues der Strecke von Wien nach Salzburg musste am 3. Juni 1857 die Kaiserin Elisabeth-Bahn die Erste österreichische Eisenbahn kaufen und die Strecke nach Budweis auf Normalspur umbauen, damit alle Eisenbahnen in Österreich die gleiche Spurweite hatten. Die Strecke aus Wien erreichte am 15. Dezember 1858 Linz, mit gleichem Datum wurde zwischen dem Hauptbahnhof und dem Südbahnhof in Linz ein Schmalspurgleis in Betrieb genommen. Die Betriebsaufnahme der Normalspurbahn zwischen Linz und Lambach erfolgte am 1. September 1859, gleichzeitig wurde die Pferdebahn von Linz Südbahnhof nach Alt Lambach und von Linz nach Zizlau aufgelassen und zwischen dem neuen Bahnhof in Lambach und Alt Lambach eine schmalspurige Verbindung gebaut. Das Verbindungsgleis in Linz zwischen Hauptbahnhof und Südbahnhof baute man von Schmalspur auf Normalspur um.

Als Nächstes wurde die Linie von Linz nach Budweis auf Normalspur umgebaut, dabei war auf der von Eisenbahningenieur Mathias Schönerer geplanten Strecke in Oberösterreich der völlige Neubau erforderlich. Die Aufnahme des Normalspurbetriebs führte zur etappenweisen Auflassung des Pferdebahnbetriebs von Budweis nach Trojern am 1. April 1870, von Urfahr über die Donaubrücke nach Linz Südbahnhof am 9. September 1871, von Trojern über die Staatsgrenze nach Summerau am 1. Dezember 1871, von Summerau nach Freistadt am 15. Dezember 1872, von Freistadt nach Urfahr am 20. November 1872 (Güterverkehr) beziehungsweise 15. Dezember 1872 (Personenverkehr).

Im Jahr 1870 begann in Gmunden der Umbau der Bahnanlagen mit der Errichtung des neuen Streckenabschnittes und des Seebahnhofs. Die Prüfung erfolgte am 22. September 1871, die Betriebsaufnahme und Auflassung der Strecke zum Rathausplatz am 24. September 1871.

Zur Reduzierung der Umladekosten in Lambach führte man im Jänner 1894 den Rollbockverkehr ein und entschied sich 1903 zum Umbau der Bahn auf Normalspur. Die alte Trasse wurde beibehalten und nur an vier Stellen umgelegt. Der neu verlegte Oberbau erhielt drei Schienen, damit er mit beiden Spurweiten befahren werden konnte. Nach Abschluss der Vorarbeiten endete der Schmalspurbetrieb am 26. August 1903.

Der Normalspurbetrieb von Lambach nach Laakirchen mit dem neuen Bahnhof Stadl-Paura wurde am 28. August 1903 aufgenommen, von Laakirchen nach Engelhof am 29. August 1903 und von Engelhof nach Gmunden Seebahnhof am 30. August 1903.

Im Anschluss daran folgten der Abtrag der dritten Schiene und die Verbesserung einiger Bögen. Die Länge der Strecke betrug 27,498 Kilometer. Zwischen Engelhof und Gmunden Seebahnhof, zwischen Kilometer 25,643 und 26,483, benutzte die Lokalbahn von Gmunden nach Vorchdorf die Strecke mit. Dazu wurden die Gleise mit 1000 Millimeter Spurweite in die Normalspur-

Das Aufnahmsgebäude in Engelhof ist heute das älteste eines Bahnhofs in Österreich. Es stammt von der Pferdebahn und besteht seit 1836. Am 18. August 1956 hält Personenzug 2811 mit 93.1377 in diesem Bahnhof. Damals war die Gleisanlage noch normalspurig, die schmalspurige Lokalbahn von Gmunden nach Vorchdorf führte, wie am rechten Bildrand ersichtlich, neben dem Bahnhof vorbei. Seit 10. August 2018 ersetzen drei Schmalspurgleise der Lokalbahn die Normalspurgleise im alten Bahnhofsgelände.

Am 18. August 1956 beginnt die 93.1377 mit Zug 2804 in Gmunden Seebahnhof die Fahrt nach Lambach. Der Seebahnhof hat hier noch die 1903 gebauten Gleise für den Güterverkehr.

Nach der Führung der Lokalbahn von Vorchdorf bis zum Seebahnhof in Gmunden bestanden hier nur mehr zwei gemeinsame Gleise für Normal- und Schmalspur. Am 1. Juli 2000 steht der Triebwagen 23 111 als Zug 8125 vor dem Aufnahmsgebäude.

gleise verlegt und der Streckenabschnitt elektrifiziert. Zwischen Lambach und Stadl-Paura benützte die Lokalbahn von Lambach nach Vorchdorf-Eggenberg die Strecke mit, was gemeinsam mit dieser am 17. November 1931 zur Elektrifizierung mit 750 Volt Gleichstrom führte.

Die gut ausgelasteten Papierfabriken in Steyrermühl und Laakirchen sorgten dafür, dass sich der Güterverkehr bis Laakirchen gut entwickelte, während er auf der Strecke bis Gmunden sank. Dies führt zu Stilllegungen. Der Güterverkehr von Engelhof nach Gmunden Seebahnhof wurde am 6. Juni 1985 eingestellt, der Personenverkehr auf der gesamten Strecke am 29. Mai 1988, der Güterverkehr von Oberweis nach Engelhof am 12. März 2015.

1985 wurde der Seebahnhof in Gmunden umgebaut, die Anlagen für den Güterverkehr abgetragen. Ausgerüstet für beide Spurweiten, war er nun auch Endbahnhof der Lokalbahn aus Vorchdorf. Die nicht mehr benötigten Normalspurabschnitte wurden aufgelassen und abgetragen: von Engelhof bis Gmunden Seebahnhof am 22. Februar 2009, von Oberweis, Kilometer 22,202, bis Engelhof am 10. August 2015 und von Laakirchen, Kilometer 20,190, bis Oberweis am 17. März 2016.

Die Lokalbahn von Gmunden nach Vorchdorf verwendet ab Bahnhofsgelände Engelhof die Trasse weiter. Eine Verlängerung der Straßenbahn Richtung Oberweis ist projektiert. Durch diese Lokalbahn ist der Bestand der ältesten Bahnstrecke Österreichs weiter gesichert.

Die Hauptbahnen

Von Landesgrenze nächst Enns bis Landesgrenze nächst Ederbauer (109,362 Kilometer)

Die aus Wien kommende Westbahn überschreitet auf der Ennsbrücke in Kilometer 169,348 die Landesgrenze zwischen Niederösterreich und Oberösterreich und führt am Rande des Donautales weiter, übersetzt die Traun, passiert Linz und quert die Welser Heide. Nach der Stadt Wels folgt die Bahn den Flüssen Traun, Ager und Vöckla, ab Frankenmarkt steigt sie mit bis zu 11,2 Promille an und erreicht im Bahnhof Ederbauer in 600,7 Meter Seehöhe den höchsten Punkt zwischen Wien und Salzburg, fällt wieder ab, kommt in Kilometer 277,790 erstmals nach Salzburg und von Kilometer 281,290 bis 282,850 nochmals nach Oberösterreich zurück.

Am 8. Juni 1957 fährt die 15.13 mit Leichtgüterzug 1153 von Wien kommend in den Bahnhof Enns. Die aus der Bauzeit der Westbahn stammende Steinbrücke über die Bahn wurde 1975 durch eine Betonbrücke ersetzt.

Vom Bahndamm der Verbindung von Marchtrenk nach Wels Verschiebebahnhof aus entstand am 1. Februar 1990 dieses Bild der DB 103 117 mit einem Schnellzug bei der Fahrt Richtung Wels. Hinter dem Zug liegt der Bahnhof Marchtrenk, der als Vorbahnhof für Wels Verschiebebahnhof ausgebaut wurde.

Der Verschiebebahnhof in Wels war viele Jahre Österreichs modernster Verschiebebahnhof. Das Bild vom 11. September 1976 wurde vom höchsten Punkt des Rollberges aufgenommen und zeigt den Rollbereich bis zu den Richtungsgleisen. Rechts ist das Gleis des höheren Winterberges (aufgrund der Kälte haben die Wagen einen höheren Reibungswiderstand) und links des etwas niedrigeren Sommerberges. In der Bildmitte steht das Ablaufstellwerk, in dem auch die beiden Steuerplätze der insgesamt vier Gleisbremsen untergebracht sind. Der Bau des Bahnhofs begann am 1. September 1938 und dauerte bis zum Jänner 1943.

1280.16 erreicht vom Westen her kommend am 31. Juli 1957 mit einem Leichtgüterzug Wels Hauptbahnhof. Neben dem Zug sieht man das nach Kriegsschäden 1951 wiederaufgebaute Aufnahmsgebäude des Bahnhofs.

Am 23. Juli 1991 hält 1018.008 mit Eilzug 1664 am Mittelbahnsteig 2 in Wels Hauptbahnhof.

Beachtenswert war die Kohlenbahn von Wolfsegg nach Breitenschützing mit 1106 Millimeter Spurweite. Die 11,748 Kilometer lange Strecke bestand vom 5. Mai 1855 bis 10. März 1966. Zwischen 1871 und 1879 war sie mit einem Schmalspurgleis im Gleis der Westbahn mit der Strecke nach Gmunden verbunden. Das Besondere der Bahn war, dass die Züge talwärts nur mit Schwerkraft betrieben wurden, wie das Bild mit dem Personenwagen vom 17. August 1956 zeigt. Der Wagen hat den 340 Meter langen Wufinger-Tunnel verlassen und rollt nun zum Endbahnhof Breitenschützing.

Die ersten Eisenbahnen mit Lokomotivbetrieb führten in den Norden und Süden der Monarchie. 1838 erstmals gewünscht und im Hofdekret 1841 genannt ist die Eisenbahn von Wien nach Bayern. Dazu wurde zwischen Österreich und Bayern am 21. Juni 1851 ein Staatsvertrag abgeschlossen, in dem sich Österreich verpflichtete, Bahnen über Salzburg und Passau nach Bayern zu bauen.

Am 21. Juni 1856 wurde die k. k. priv. Kaiserin Elisabeth-Bahn gegründet. Mit dem Bau der Strecke von Wien nach Salzburg begann man am 31. Juli 1856. Die Betriebsaufnahme von Wien über die Landesgrenze nach Linz erfolgte am 15. Dezember 1858, von Linz nach Lambach am 1. September 1859, von Lambach nach Frankenmarkt am 1. Februar 1860 (Güterverkehr) und 1. März 1860 (Personenverkehr), von Frankenmarkt über die Landesgrenze nach Salzburg am 20. Juli 1860 (Güterverkehr) und am 1. August 1860 (Personenverkehr).

Die normalspurige Strecke erhielt ein Gleis und den Unterbau für zwei Gleise. Den Betrieb führte die Bahngesellschaft selbst. 1871 wurde zwischen Lambach und Breitenschützing eine dritte Schiene für 1106 Millimeter Spurweite eingebaut, damit die

Kohlenzüge der aus Wolfsegg kommenden Kohlenbahn direkt zum Seebahnhof nach Gmunden geführt werden konnten. Nach der Fertigstellung der Normalspurbahn von Stainach-Irdning nach Attnang-Puchheim 1879 wurde die Kohle in Breitenschützing umgeladen und direkt zu den Sudwerken geführt sowie die dritte Schiene wieder entfernt.

Die wirtschaftlichen Probleme ab 1873 erforderten eine hohe staatliche Unterstützung, daher übernahm ab 1. Jänner 1881 die Staatsbahn den Betrieb und am 1. Jänner 1882 der Staat die gesamte Kaiserin Elisabeth-Bahn. Der steigende Verkehr machte den Bau eines zweiten Streckengleises nötig, der in Oberösterreich im Jahr 1868 begonnen wurde und am 26. August 1874 bis Wels fertiggestellt war. 1898 wurde weitergebaut, und bis 18. August 1902 war die gesamte Westbahn in Oberösterreich zweigleisig.

In der Ersten Republik sollte der elektrische Betrieb die Kohlenimporte senken. Nach der Elektrifizierung des Bahnnetzes westlich von Salzburg sollte die Westbahn bis Wien folgen. Für die erste Teilstrecke von Linz nach Salzburg begannen am 4. Juni 1937 die Vorarbeiten. Im Zuge dieses Ausbaues wurden die Bahnhöfe erweitert und die Fahrleitung von Attnang-Puchheim nach Salzburg gebaut. Die Aufnahme des elektrischen Betriebs musste vom geplanten Termin, dem 6. Oktober 1940, auf den 6. Dezember 1940 verschoben werden, da aufgrund eines Trafoschadens das neue Unterwerk ausgefallen war und die Aufstellung eines Provisoriums erforderlich war. Kriegsbedingt endete die weitere Elektrifizierung 1940.

Große Bauten in dieser Zeit waren die Erweiterung Marchtrenk (fertig 1941), der Verschiebebahnhof Wels (fertig 1943) mit kreuzungsfreier Zufahrt von Marchtrenk (fertig 1. Jänner 1941) und der Vorbahnhof Attnang-Puchheim (Teilinbetriebnahme 1945).

Bombenangriffe führten zu großen Zerstörungen von Bahnanlagen besonders in Linz, Wels sowie Attnang-Puchheim, deren Wiederaufbau bis 1953 andauerte.

Nach dem Zweiten Weltkrieg setzte man die Elektrifizierung fort. Die Bauarbeiten begannen am 20. Mai 1946. Die Betriebsaufnahme von Linz Hauptbahnhof nach Attnang-Puchheim erfolgte am 12. Mai 1949 und von Amstetten über die Landesgrenze nach Linz Hauptbahnhof am 28. Juni 1951.

Das Projekt „Neue Bahn“ bringt seit 1994 Verbesserungen und den viergleisigen Ausbau der Strecke mit neuen Gleisen, die bis 250 km/h befahrbar sind. Zu nennen sind Linienverbesserungen zwischen Neukirchen bei Lambach und Breitenschützing (16. September 2012) sowie Breitenschützing und Schwanenstadt (1. Gleis: 31. Mai 1997; 2. Gleis: 24. Juni 1997).

Die folgenden viergleisigen Abschnitte sind bereits fertig: von St. Valentin über Landesgrenze nach Abzweigung Asten-St. Florian 1 (10. April 2007); von Abzweigung Asten-St. Florian 1 nach Linz Kleinmünchen (1. Gleis: 2. Juli 2006, 2. Gleis: 16. November 2009); Tunnel Lambach (1. Gleis: 24. Juli 1994, 2. Gleis: 20. Dezember 1994). Der Abschnitt von Linz Kleinmünchen nach Linz Hauptbahnhof ist im Bau, die Reststrecke bis Salzburg in Planung.

Bahnen im Bereich der Stadt Linz

Im Hauptbahnhof begann der Personenbahnhof nach der Eisenbahnkreuzung mit der Wienerstraße, am westlichen Bahnhofsende war der Frachtenbahnhof und auf der Südseite die Zugförderungsanlage (Heizhaus) und Werkstätte. Zum Umladen auf die Pferdebahn gab es vom 15. Dezember 1858 bis 1. September 1859 ein Schmalspurgleis vom Südbahnhof zum Hauptbahnhof. Mit der Auflassung der Pferdebahn nach Lambach verlegte man die Umladung zum Südbahnhof und ersetzte das Verbindungsgleis am 1. September 1859 durch ein Normalspurgleis. Am 27. Dezember 1872, nach der endgültigen Auflassung der Pferdebahn, wurde der Frachtenbahnhof des Hauptbahnhofs auf den Südbahnhof verlegt. Dieser war bald zu klein, daher entstand südwestlich des Aufnahmsgebäudes des Linzer Hauptbahnhofs ein neuer Güterbahnhof, der am 31. Dezember 1881 in Betrieb genommen wurde. Ab 1887 erfolgte der Ausbau der Werkstätte zur Hauptwerkstätte.

Die am 20. Dezember 1873 eröffnete Bahn nach Gaisbach-Wartberg begann bei der Abzweigung Wächterhaus 850 (auf der Höhe der heutigen Zamenhofstraße) und benützte bis zum Hauptbahnhof die Gleise der Westbahn. Die am 30. April 1881 eröffnete Kremstalbahn begann am Hauptbahnhof und führte neben der Westbahn Richtung Wien bis auf Höhe der Lastenstraße, bog dort ab und gelangte in südlicher Richtung ins Kremstal. Am 1. August 1894 nahm die 3,250 Kilometer lange Anschlussbahn vom Hauptbahnhof zum Donauumschlagplatz den Betrieb auf. An diese Anschlussbahn schloss dann die insgesamt 5,456 Kilometer lange Verbindung zum Bahnhof Urfahr an. Baubeginn: Frühjahr 1897, Prüfung: 13. November 1900, Inbetriebnahme (nur für Güterverkehr) und Umwandlung der Anschlussbahn in eine öffentliche Bahn: 14. November 1900. Vom Donauumschlagplatz führte ab 28. Jänner 1908 eine 2,167 Kilometer lange Strecke zum Winterhafen. Die nächste Änderung war die Einbindung der Pyhrnbahn am 21. August 1906 westlich des Hauptbahnhofs etwa bei der Unterführung der Gaumbergstraße und die Auflassung der Einbindung der Kremstalbahn. Der Anfang der aufgelassenen Strecke blieb unter der Bezeichnung Scharlinzer Gleis bis zum städtischen Wasserwerk (heute bis Poschacherstraße) als Anschlussbahn weiter bestehen. Die am 21. März 1912 in Betrieb genommene, aus Westen kommende elektrische Lokalbahn erhielt einen provisorischen Endbahnhof bei der Weingartshofstraße. Der für die Lokalbahn im Hauptbahnhof vorgesehene Bahnsteig wurde nie realisiert.

Der Verkehrsanstieg erforderte die Erweiterung der Linzer Bahnhofsanlagen. Die Planung begann 1898, der Bau am 15. Oktober 1912 mit dem ersten Spatenstich. Die Arbeiten starteten in Linz-Kleinmünchen und verliefen Richtung Hauptbahnhof. Die Strecke nach Gaisbach-Wartberg verlegte man am 17. Mai 1914 bis zu einer neuen Abzweigung in der Nähe des Hauptbahnhofs, dann am 12. Juni 1914 die Westbahn zwischen Linz Kleinmünchen und Hauptbahnhof von der Südgrenze der Bahnhofsanlagen auf die heutige Lage. Auf dem nun freien Platz entstand der Verschiebebahnhof West mit Inbetriebnahme für den Militärverkehr am 28. Juni 1916 und für den allgemeinen Verkehr am 23. Juni 1919. Dazu gehörte auch die zweigleisige Strecke von Kleinmünchen zum Hauptbahnhof. Im Juni 1916 begann der Betrieb in der neuen Zugförderungsanlage bei der Raimundstraße einschließlich Zufahrtsgleis zum Hauptbahnhof. Die Strecke nach Urfahr wurde so umgebaut, dass sie ab 5. Mai 1916 am Verschiebebahnhof West begann. Seit dem 3. Juni 1916 gibt es vom Verschiebebahnhof West eine Verbindung zur Strecke nach Gaisbach-Wartberg. Als Nächstes wurde am 6. September 1920 der Frachtenbahnhof zwischen Raimundstraße und St. Barbara Friedhof fertiggestellt und ab 1. Juni 1922 die Strecke nach Gaisbach-Wartberg endgültig bis zum Hauptbahnhof geführt. Am 15. Dezember 1925 erfolgte die Inbetriebnahme der 2,473 Kilometer langen Anschlussbahn von Linz Kleinmünchen zu Fabriken in St. Peter. Am 23. Juni 1919 endete der Betrieb auf dem alten Güterbahnhof beim Hauptbahnhof, der Abtrag erfolgte erst 1933. 1936 begann der Umbau des Personenbahnhofs. Das vordringlichste Bauvorhaben war der Ersatz der Schrankenanlage der Wiener Straße durch eine Unterführung am 12. Oktober 1936. Am 25. Oktober 1936 wurde die neue Kassenhalle eröffnet. Dann begann der Gleisumbau auf der Südseite, was am 15. Jänner 1938 zur Schließung der alten Zugförderungsanlage führte.

Während der Zeit des Nationalsozialismus wurde im Auftrag Adolf Hitlers vieles für Linz geplant. Den Personenbahnhof stellte man provisorisch in der noch vor dem Krieg geplanten Form fertig. Er sollte bis Ende 1942 durch einen neuen ersetzt werden. Im Oktober 1939 war die Verlängerung der Pyhrnbahn bis in den Hauptbahnhof, am 15. Dezember 1939 das provisorische Aufnahmsgebäude fertig, und im März 1940 waren auch alle Bahnsteige einsatzbereit.

Der neue Personenbahnhof war zwischen heutiger Westbrücke und dem Bulgariplatz vorgesehen und erforderte die Absiedelung der Hauptwerkstätte. Die neue Hauptwerkstätte entstand am Südkopf des Bahnhofs Linz Wegscheid. Gebaut wurde vom Mai 1939 bis 9. Jänner 1940. Fertigstellen konnte man alle Anschüttungen und Teile der Fundamente. Auf diesem Platz befinden sich heute einige Fabriken mit Anschlussbahnen. Am Personenbahnhof begannen im Oktober 1938 die ersten Bauarbeiten. Kriegsbedingt endeten alle Planungen und Arbeiten am 22. Dezember 1941.

Weitere Großbauvorhaben waren die Errichtung eines Stahlwerks, ein neuer Hafen und die dazu erforderlichen Bahnanlagen. Dafür siedelte man die Orte St. Peter und Zizlau ab. Die Bauarbeiten für das Stahlwerk begannen am 13. Mai 1938, am 16. Oktober 1941 kam es zum Anblasen des ersten Hochofens. Für den Bau des Stahlwerks und die ersten Erztransporte benützte man die Anschlussbahn von Kleinmünchen nach St. Peter weiter.

Für den Erzverkehr benötigte man einen neuen Verschiebebahnhof (Verschiebebahnhof Ost). Das für den Bahnhofsbau erforderliche Schüttmaterial stammte aus den zur gleichen Zeit gebauten drei Hafenbecken. Mit den Bauarbeiten wurde im März 1939 begonnen, die Tieflegung der Westbahn erfolgte im Juni 1941. Die Inbetriebnahme des Bahnhofskopfes Richtung Hauptbahnhof erfolgte am 12. Jänner 1943. Die Abzweigung Ebelsberg und direkte Zufahrt ins Stahlwerk ging am 18. Juni 1943 in Betrieb, der zweite Teil des Verschiebebahnhofs Ost zu Jahresende 1944/1945.

Für den neuen Verschiebebahnhof war eine neue Zugförderungsanlage neben der heutigen Haltestelle Linz Franckstraße mit 82 Lokständen zu je 30 Meter Länge erforderlich. Die Bauarbeiten dafür begannen 1940. Am 10. Oktober 1944 beschädigte ein

Bahnanlagen in Linz 1937

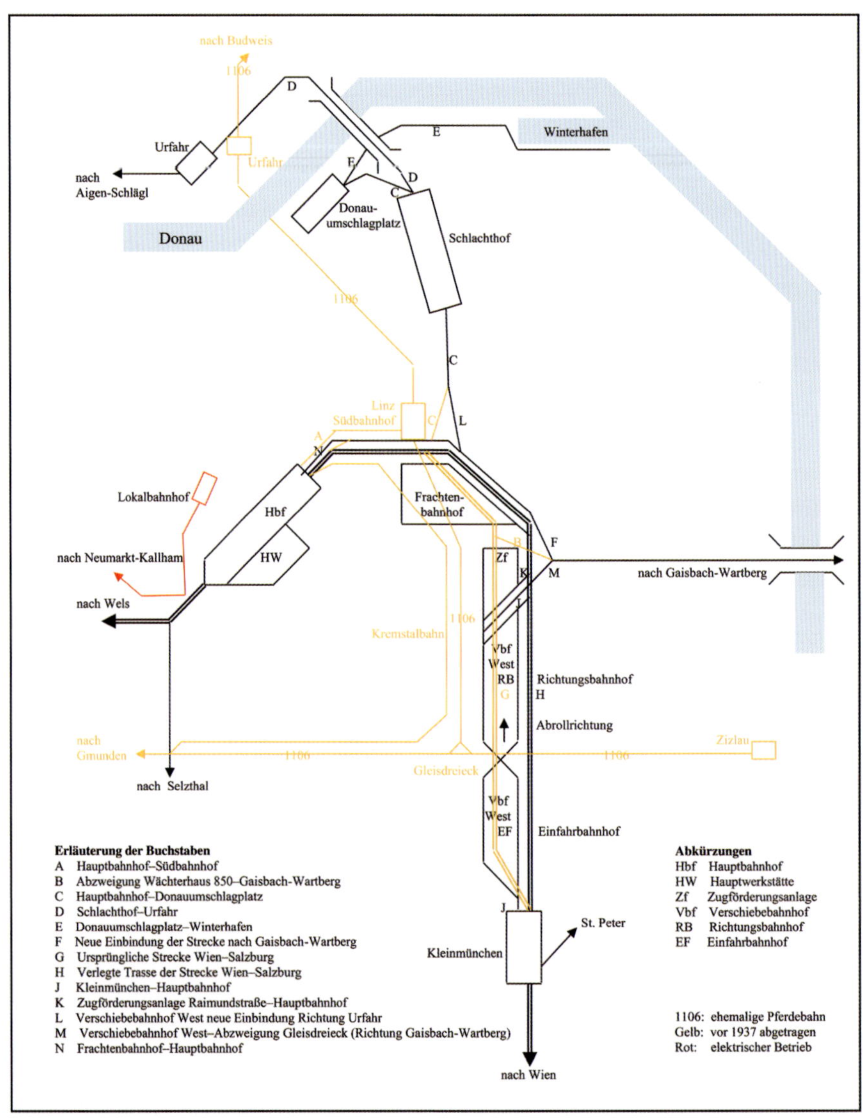

Bahnanlagen in Linz 2020

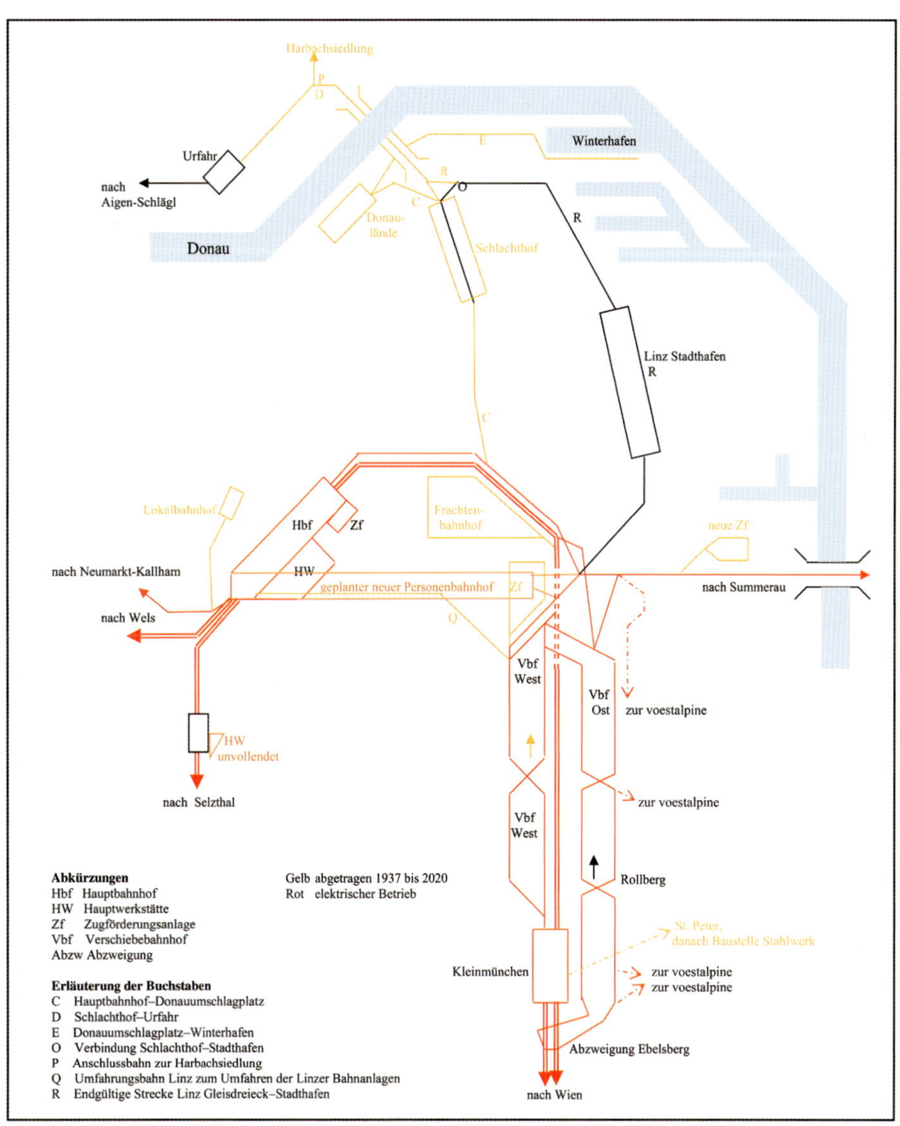

Bombenangriff viele fertige Teile. Die provisorische Inbetriebnahme erfolgte Anfang 1945, die Auflassung und der Verkauf im September 1960.

Der neue Hafen sollte im Endausbau sieben Hafenbecken erhalten. Mit den Bauarbeiten von drei Becken wurden 1939 begonnen. Die Inbetriebnahme der ersten Schiffsanlegestelle in Becken 2 mit einem Kran erfolgte vermutlich im März 1944, sicher in Betrieb war sie ab August 1944.

Für den Hafen war ein eigener Hafenbahnhof geplant. Die Bauarbeiten dafür mit provisorischem Anschluss an die Strecke nach Linz Urfahr begannen im März 1940. Die Fertigstellung der provisorischen Zufahrt zur fertigen Schiffsanlegestelle erfolgte im März 1944.

Die neuen Werke in Linz benötigten Wohnungen für die Arbeiter. Bekannt ist die Harbachsiedlung, deren Bau 1942 begann. Für die Materialtransporte errichtete man eine 1,480 Kilometer lange Anschlussbahn von der zwischen Donaubrücke und Bahnhof Urfahr verlaufenden Strecke. Sie war von 1942 bis 1945 in Betrieb, danach wurde der Oberbau abgetragen und für die Gleisanlage beim neuen Donauhafen verwendet.

Eine besondere, 2,6 Kilometer lange Strecke stand vom 20. Juli 1944 bis Mitte 1945 in Betrieb. Dieses Gleis reichte vom Verschiebebahnhof West (bei der Posseltbrücke) am Gelände des neuen Hauptbahnhofs (neben der Breitwiesenstraße) bis Unter Gaumberg. Es sollte bei Bombenschäden der Bahnhofsanlagen das Umfahren von Linz ermöglichen.

Durch Bombenangriffe kam es zu Beschädigungen an den Bahnanlagen. Der Angriff vom 25. April 1945 zerstörte den Personenbahnhof und die Hauptwerkstätte. Der Wiederaufbau wurde 1952 abgeschlossen.

Die Stadt Linz beschloss, den Hafen weiter auszubauen. Dies erfolgte 1948 bis 1954, führte zur Schließung der alten Anlagen am Donauufer und erforderte folgende Änderungen bei den Eisenbahnen: Auflassung des Gleises zum Winterhafen am 1. Oktober 1950 und am 2. Mai 1961 zum Donauumschlagplatz. Fertigstellung des Bahnhofs Linz Stadthafen am 28. Mai 1961 und Umlegung der Strecke nach Urfahr vom Bahnhof Linz Wirtschaftshof zum Bahnhof Linz Stadthafen am 15. Oktober 1965.

Die Einführung des elektrischen Betriebs im Bereich der Verschiebebahnhöfe erfolgte am Verschiebebahnhof Ost am 24. September 1951 und am Verschiebebahnhof West am 31. Oktober 1951.

Für den Nahverkehr wurde am Hauptbahnhof ein Tunnel gebaut, der seit 5. Oktober 1984 das kreuzungsfreie Fahren von der Pyhrnbahn nach Gaisbach-Wartberg ermöglicht. Danach folgte vom 16. Mai 2001 bis 3. Dezember 2004 der Umbau des Hauptbahnhofs. Dies brachte neben Gleisänderungen ein neues Aufnahmsgebäude, den Neubau der Zugförderungsanlage, die am 12. Dezember 2002 in Betrieb ging (Schließung der Anlage in der Raimundstraße am 25. April 2003), die Unterführung der Straßenbahn ab 4. September 2004 und die Einbindung der Lokalbahn aus Eferding ab 18. November 2005.

Als die Donaubrücke der Verbindung nach Urfahr das Ende ihrer Lebensdauer erreichte, führte dies zur Sperre der Strecke von Linz Stadthafen nach Linz Urfahr am 1. Dezember 2015 und zum nachfolgenden Abtrag der Brücke.

In Linz Hauptbahnhof wartet am 12. September 1976 beim Bahnsteig Richtung Summerau die 1118.01 mit Personenzug 3802 auf die Abfahrt. Im Vordergrund sieht man die Rückseite des von 1937 bis 1989 existierenden Stellwerks 1. Am Platz hinter dem Stellwerksgebäude befand sich die 1938 aufgelassene Zugförderungsanlage.

93.1318 fährt am 10. Juli 1959 mit einem Güterzug nach Urfahr über die Donaubrücke. Das Besondere dieser Brücke war, dass sie für den Bahn- und Straßenverkehr eingerichtet war. Grundsätzlich für den Straßenverkehr geöffnet, wurden vor einer Zugfahrt die Schranken (ab 1977 durch eine Lichtzeichenanlage ersetzt) geschlossen und dann die Fahrt durchgeführt.

Von Landesgrenze nächst Mauthausen bis Staatsgrenze nächst Summerau (54,636 Kilometer) und von Linz Hauptbahnhof bis Gaisbach-Wartberg (26,752 Kilometer)

Die Bahn beginnt im Bahnhof St. Valentin der Westbahn, biegt nach Norden ab und überschreitet auf der Donaubrücke vor Mauthausen in Kilometer 6,461 die oberösterreichische Landesgrenze. Nach Mauthausen steigt sie an, gelangt beim Bahnhof Gaisbach-Wartberg ins Tal der Feldaist, der sie weiter mit etwa zehn Promille bis zur Haltestelle Lasberg-St. Oswald folgt. Nun wird Freistadt umfahren und mit bis 16 Promille Steigung der Grenzbahnhof Summerau erreicht. Am höchsten Punkt der Strecke, in Kilometer 61,097, überquert die Bahn die österreichische Staatsgrenze.

Den Hauptbahnhof in Linz verlässt die Bahn in östlicher Richtung und gelangt neben dem Gelände der voestalpine zur Donaubrücke. Am anderen Donauufer führt die Strecke donauabwärts bis St. Georgen an der Gusen, biegt dann nach Norden ab und steigt entlang der Großen Gusen bis zur Haltestelle Katsdorf an. Nun wechselt sie ins Tal der Feldaist über und mündet im Bahnhof Gaisbach-Wartberg in die aus St. Valentin kommende Strecke.

Die Kaiserin Elisabeth-Bahn musste sich verpflichten, die Pferdebahn von Budweis nach Linz zu übernehmen und auf Normalspur und Lokomotivbetrieb umzubauen. Das erforderte speziell in Oberösterreich den Bau einer neuen Trasse und ab Gaisbach-Wartberg je eine Strecke nach St. Valentin und Linz. Die Bauarbeiten begannen am 18. August 1869 in Böhmen. Während des Baues kam es zu Hangrutschungen zwischen Gaisbach-Wartberg und Pregarten, was zu Bauverzögerungen und der verspäteten Aufnahme des Personenverkehrs führte. Die Inbetriebnahme der eingleisigen Normalspurbahn erfolgte abschnittsweise und brachte die Auflassung der Pferdebahn von Zartelsdorf über Staatsgrenze bis Summerau am 1. Dezember 1871, von Summerau nach Freistadt am 6. November 1872, von Freistadt über die Landesgrenze bis St. Valentin am 6. November 1872 (Güterverkehr) und 2. Dezember 1872 (Personenverkehr), von Linz bis Gaisbach-Wartberg am 20. Dezember 1873.

Der Verkehrsanstieg erforderte den zweigleisigen Ausbau der Strecke. Dieser begann 1915 auf der Strecke zwischen Kefermarkt und Summerau. Er wurde kriegsbedingt am 1. Jänner 1918 eingestellt und nicht mehr aufgenommen.

Der Zustand der Donaubrücken erforderte die Erneuerung der Tragwerke. Bei der Brücke bei Steyeregg erfolgte dies 1925 und 1926. Für die Brücke bei Mauthausen fehlte das Geld, dies führte ab 1936 zu Einschränkungen im Zugsverkehr. Mit der Erneuerung begann man 1939, abgeschlossen werden konnte sie im Dezember 1940. Zur Erhöhung der Leistungsfähigkeit der Strecken verlängerte die Reichsbahn bis 25. September 1938 die Bahnhöfe.

Den Zweiten Weltkrieg überstanden beide Strecken nahezu unbeschädigt, doch Setzungen der Brücke in Kilometer 10,363 bei Ried-Zirking führten am 5. April 1956 zur Sperre der Strecke von Mauthausen nach Gaisbach-Wartberg. Eine mögliche Ge-

Bergfahrt der 50.1805 mit einem Güterzug Richtung Summerau am 11. Juni 1969 oberhalb des Bahnhofs Freistadt. Dem Güterzug folgt ein Kleinwagen der Bahnerhaltung. Der mit einer Schrankenanlage gesicherte Weg vor dem Zug ist die Trasse der Pferdebahn, die hier zum Kronbachviadukt (siehe Foto auf Seite 10) führt und dort das Tal querte. Hinter dem Zug ist die Trasse nochmals als baumbewachsener Weg auf der anderen Talseite zu sehen.

Am 9. August 2010 fährt REX 1934 „Matthias Schönerer", gezogen von 1116 234, bei der Haltestelle Lasberg-St. Oswald Richtung Linz.

Am 22. Juli 1970 plagt sich 52.7061 mit einem Güterzug im Tal der Feldaist bei der Bergfahrt vor Kefermarkt.

1042 041 durchfährt mit DG 44 512 am 9. August 2010 den Bahnhof Freistadt. Dies ist der einzige Bahnhof der Normalspurbahn, der auf einem Stationsplatz der Pferdebahn liegt.

fährdung des Straßenverkehrs erforderte am 30. August 1956 die Sprengung dieser Brücke. Der Wiederaufbau unterblieb, da die Verkehrsbedeutung der Strecke stark zurückgegangen war und die Strecke nach Linz genügend Kapazität aufwies. Die offizielle Auflassung dieses Streckenabschnittes erfolgte am 5. Jänner 1969.

Die Modernisierung der Strecke von Linz bis Summerau wurde im Zuge der Elektrifizierung durchgeführt. Die Bauarbeiten dafür begannen im Juni 1973. Die Einschaltung der Fahrleitung erfolgte am 22. Mai 1975, die Betriebsaufnahme am 31. Mai 1975. Der Abschnitt über die Grenze folgte erst am 10. Dezember 2001. Er wurde bis zur Staatsgrenze mit dem österreichischen Stromsystem und ab dort mit 3000 Volt Gleichstrom der Tschechischen Bahn ausgerüstet. Dies erfordert das Befahren mit Zweisystemloks. Für die Zukunft ist die Modernisierung der Bahnhöfe, der zweigleisige Ausbau von Linz bis St. Georgen an der Gusen und die Elektrifizierung von der Landesgrenze bis Mauthausen vorgesehen.

Von Landesgrenze nächst Ramingdorf-Haidershofen bis Landesgrenze nächst Weißenbach-St. Gallen (63,314 Kilometer)

Diese Strecke beginnt im Bahnhof St. Valentin in Niederösterreich und überquert nach dem Bahnhof Ramingdorf-Haidershofen in Kilometer 16,347 die oberösterreichische Landesgrenze. Vor dem Bahnhof Steyr überbrückt die Bahn die Enns, um am westlichen Ufer weiter bis zur Landesgrenze von Oberösterreich zur Steiermark in Kilometer 79,661 vor dem Bahnhof Weißenbach-St. Gallen anzusteigen.

Im Jahr 1863 entstand das Projekt einer Eisenbahn zwischen West- und Südbahn. Dazu erfolgte am 20. Juli 1867 die Gründung der k. k. priv. Kronprinz Rudolf-Bahn Gesellschaft. Am 11. November 1866 wurde die Konzession für die Strecke von St. Valentin über Selzthal und St. Michael nach Villach und für mehrere Flügelbahnen erteilt. Die Bauarbeiten begannen im Dezember 1866. Die Prüfung des Streckenabschnitts von St. Valentin über die Landesgrenze bis Steyr erfolgte am 11. August 1868, die Inbetriebnahme am 15. August 1868. Der Abschnitt von Steyr bis Küpfern ging am 7. Oktober 1869 in Betrieb. Die Bauarbeiten für die Strecke von Küpfern über die Landesgrenze bis Rottenmann starteten im August 1871, die Prüfung erfolgte am 14. August 1872, die Betriebsaufnahme am 20. August 1872.

Den Betrieb der eingleisigen Strecke führte die Kronprinz Rudolf-Bahn. Der Ausbau des Streckennetzes und fehlende Einnahmen durch die Wirtschaftskrise hatten einen so starken Anstieg der Schulden zur Folge, dass am 24. Dezember 1879 die Sequestration (Zwangsverwaltung) über die Bahngesellschaft verfügt wurde. Ab 1. Jänner 1880 übernahm die Staatsbahn den Betrieb, die eigentliche Verstaatlichung erfolgte am 1. Jänner 1884.

Die Staatsbahn sanierte die Strecke und führte als Konkurrenz zur Südbahn Schnellzüge auf der Route von Amstetten über Weyer und Selzthal und Villach nach Triest.

Umfangreiche Zerstörungen brachten Hochwässer mit Betriebsunterbrechungen vom 30. Juli bis 13. August 1897 und 13. September bis 14. Oktober 1899.

1938 begann der Ausbau der Strecke von Eisenerz nach St. Valentin für den Erzverkehr zum neuen Stahlwerk in Linz. Die Erneuerung und Verstärkung des Oberbaues der gesamten Strecke, einschließlich der Erneuerung von Brücken war bis Ende 1940 fertig, der Ausbau der Bahnhöfe endete kriegsbedingt 1941. Der Erzverkehr begann im Oktober 1939 mit zwei täglichen Erzzügen und steigerte sich bis 1941 auf elf Erzzüge.

Nach Kriegsende sank der Erzverkehr, da bei der voestalpine statt der geplanten zwölf Hochöfen nur fünf in Betrieb genommen wurden. Die Fertigstellung der unfertigen Bauten unterblieb. Die nächsten größeren Arbeiten brachte die Elektrifizierung

Direkt an den Bahnhof Steyr schließt die 37,50 Meter lange Schönauer Brücke mit einem Viadukt mit sechs Öffnungen zu je 6,60 Meter Länge an. Am 29. August 1958 fährt 35.252 mit Personenzug 5423 über diese Brücke. Den Hintergrund beherrscht die 1513 fertiggestellte Stadtpfarrkirche.

Am 21. Oktober 1967 passiert die 52.6806 mit einem Güterzug mit Personenbeförderung die Brücke über den Reichramingbach. Ihre beiden Tragwerke haben eine Länge von 37,56 Meter und 17,9 Meter.

der Strecke von St. Valentin nach Kleinreifling. Die Bauarbeiten dafür begannen am 28. März 1967, die Eröffnung erfolgte am 27. September 1968. Baubeginn für den Abschnitt von Kleinreifling über die Landesgrenze nach Hieflau war am 2. Juni 1970, die Eröffnung am 11. Dezember 1971.

Heute steigt die Bedeutung des Personenverkehrs im Abschnitt von St. Valentin nach Steyr stark an, auf der übrigen Strecke verliert er an Bedeutung.

Der mit einer Lok Reihe 52 bespannte Güterzug spiegelt sich bei der Fahrt Richtung St. Valentin am 27. August 1964 in der unterhalb von Reichraming aufgestauten Enns.

Eine beachtenswerte Waldbahn führte vom Bahnhof Reichraming ins Hintergebirge. Der erste Teilabschnitt der Bahn wurde im Ersten Weltkrieg gebaut, die letzte Verlängerung entstand im Zweiten Weltkrieg. Damit erreichte die Schmalspurbahn mit 760 Millimeter Spurweite eine Länge von 40,7 Kilometer. Das am 6. September 1969 aufgenommene Bild zeigt die Lokomotive 3 mit zwei Personenwagen, die zur Beförderung der Forstarbeiter dienten, beim Schleierfall. Die Bahn wurde am 2. Juni 1971 eingestellt und wäre heute eine Attraktion im Nationalpark Kalkalpen.

Im Bahnhof Kleinreifling hält 35.252 mit Personenzug 5423. Am 15. August 1956 besteht noch das mächtige Aufnahmsgebäude aus der Bauzeit der Bahn. Anlässlich der Elektrifizierung der Strecke wurde es vom 27. Oktober 1967 bis 19. Dezember 1968 durch einen stillosen Neubau ersetzt.

Von Landesgrenze nächst Oberland bis Abzweigung Weyer 1 (12,009 Kilometer)

Die in Amstetten von der Westbahn abzweigende Strecke erreicht in Kilometer 31,795 vor dem Bahnhof Oberland Oberösterreich, überschreitet die Wasserscheide zwischen Ybbs und Enns, fällt mit 14 Promille Gefälle entlang der Gaflenz ins Ennstal ab und mündet nach der Ennsbrücke bei Kastenreith in die von St. Valentin kommende Bahn.

Diese Strecke komplettiert die Linie von St. Valentin nach Villach der Kronprinz Rudolf-Bahn. Die Bauarbeiten begannen im April 1871, die Prüfung fand am 31. Oktober 1872 statt und die Eröffnung am 11. November 1872. Den Zweiten Weltkrieg überstand die Bahn unbeschädigt, da die vorgesehenen Sprengungen 1945 verhindert werden konnten. Doch mit der Errichtung der Demarkationslinie in Kilometer 37,750 zwischen Gaflenz und Weyer wurde vom 28. Juni 1945 bis 16. April 1947 der durchgehende Zugsverkehr unterbrochen.

Ein großer Ausbau war die Elektrifizierung der Strecke mit Baubeginn am 28. März 1967 und der Eröffnung am 13. Dezember 1968.

In der Abzweigung Weyer 1 bei der Haltestelle Kastenreith vereinigen sich die Bahnstrecken aus St. Valentin und Amstetten. Am 21. Juli 1967 ist 78.625 mit Personenzug 2410 nach Amstetten unterwegs, während am Gleis aus St. Valentin der Kleinwagen X 614.01 auf die Weiterfahrt Richtung Kleinreifling wartet. Im Bildhintergrund ist die Baustelle des Ennskraftwerks zu sehen.

Von Linz Hauptbahnhof bis Landesgrenze nächst Linzerhaus (93,820 Kilometer)

Die Kremstalbahn verließ den Hauptbahnhof in Linz Richtung Wien neben den Gleisen der Westbahn, bog bei der Lastenstraße ab, folgte dieser weiter bis zur Salzburger Straße, dann durch Scharlinz, bis in Kilometer 7,824 die 1906 gebaute heutige Trasse erreicht wurde. Heute verlässt die Strecke den Hauptbahnhof Richtung Salzburg, biegt am Bahnhofsende nach Süden ab, um fast geradlinig nach 4,846 (entspricht 7,824[1]) Kilometern die ursprüngliche Trasse zu erreichen. Es folgt der Bahnhof Traun mit der Brücke über die Traun, dann erreicht die Strecke das Kremstal, dem sie bis Micheldorf folgt. Nun überschreitet die Bahn den das Kremstal und Steyrtal trennenden Gebirgsrücken. Die ursprüngliche Bahn endete im Bahnhof Klaus-Steyrling in Kilometer 65,416. Ab Kilometer 56,813 wurde die Strecke 1905 neu gebaut und gelangt nun auf der Westseite des Steyrtals bis nach den Bahnhof Steyrling, wo die Steyr überbrückt wird. Bald danach geht es im Tal der Teichl weiter. Ab Roßleithen erhöht sich die Steigung auf bis 16 Promille, um nach dem Bahnhof Linzerhaus den Bosrucktunnel zu erreichen, in dem in Kilometer 93,820 die Landesgrenze zur Steiermark überschritten wird.

Die Städte Linz und Wels bemühten sich jahrelang um die Erschließung des Voralpengebietes mit Lokalbahnen. Am 30. Jänner 1880 trafen sich erstmals die Interessenten für den Bahnbau von Linz ins Kremstal. Am 16. Juli 1880 wurde die Kremstalbahn-Gesellschaft gegründet, danach der Bahnbau abschnittsweise realisiert: Die Konzessionserteilung für die Strecke von Linz nach Kremsmünster erfolgte am 30. Juni 1880, der Baubeginn im Juni 1880, die Prüfung am 26. April 1881 und die Betriebseröffnung am 30. April 1881. Die Konzessionserteilung für die Strecke von Kremsmünster nach Micheldorf erfolgte am 26. August 1882, die Prüfung am 30. Juli 1883 und die Betriebsaufnahme am 1. August 1883. Die Konzessionserteilung für die Strecke von Micheldorf nach Klaus-Steyrling erfolgte am 17. Mai 1888, die Prüfung am 30. Oktober 1888 und die Betriebsaufnahme am 1. November 1888.

Der Weiterbau bis Spital am Pyhrn und danach ins Ennstal wurde mehrfach versucht, unterblieb letztlich aber. Den Betrieb der Lokalbahn führte von der Eröffnung bis zum 1. August 1892 die Lokomotivfabrik Krauss & Co, dann die Kremstalbahn selbst. Die Bahn war ein wirtschaftlicher Erfolg und brachte jährlich einen Gewinn.

1902 plante der Staat eine Eisenbahnverbindung vom Norden der Monarchie nach Triest, die eine Strecke von Linz nach Selzthal erforderte. Dazu beabsichtigte der Staat die Kremstalbahn zu kaufen und auf eine Hauptstrecke umzubauen sowie bis Selzthal zu verlängern. Nach langen Verhandlungen übernahm der Staat am 1. November 1902 den Betrieb und am 1. Jänner 1906 die gesamte Kremstalbahn.

---

[1] Die ursprüngliche Trasse war länger, daher gibt es hier auch heute noch einen Sprung in den Kilometerangaben (Fachausdruck: Fehlerprofil).

Am 1. August 1957 überholt 52.7720 mit einem Güterzug im Bahnhof Wartberg an der Krems die am Ausweichgleis wartende 58.734. Das kleine Aufnahmsgebäude des Bahnhofs erinnert daran, dass diese Strecke als Lokalbahn gebaut wurde.

Am 12. Juni 1969 hat 52.7358 mit einem Güterzug Kremsmünster Markt verlassen und strebt nun Richtung Selzthal weiter. Den Hintergrund beherrscht das im Jahr 777 gegründete Stift Kremsmünster mit dem in den Jahren 1749 bis 1758 erbauten Mathematischen Turm (Sternwarte, ältestes Hochhaus).

Der letzte täglich mit Dampflokomotiven bespannte Schnellzug war im Abschnitt von Linz bis Spital am Pyhrn der Beograd-Express D 1499 von Hamburg nach Beograd. Am 9. Juni 1971 eilt der mit 52.4551 und einer weiteren 52er bespannten, aus zwölf vierachsigen Wagen bestehende Zug nach Klaus das Steyrtal aufwärts. Im Hintergrund das 1578 erbaute Schloss Klaus.

Baubeginn für die Neubaustrecke von Klaus bis Selzthal war im Juni 1903, für den Umbau der Nebenbahn in eine Hauptbahn im Jänner 1904. Die Abzweigung von Gaumberg nach Linz Wegscheid wurde am 21. August 1906 in Betrieb genommen (bei gleichzeitiger Auflassung der alten Strecke). Die Prüfung des Abschnitts von Ober Micheldorf bis Spital am Pyhrn erfolgte am 10. November 1905, die Inbetriebnahme am 19. November 1905 (bei gleichzeitiger Auflassung der Strecke von Ober Micheldorf nach Klaus-Steyrling). Die Prüfung des Abschnitts von Spital am Pyhrn nach Selzthal erfolgte am 10. August 1906, die Inbetriebnahme am 21. August 1906.

Nach Fertigstellung aller Arbeiten wurde am 1. Oktober 1909 die Bahn zur Hauptbahn. In weiterer Folge überwogen die Erhaltungsarbeiten. Am 29. März 1963 wurde die Strecke von Selzthal bis Spital am Pyhrn gesperrt und der Bosruck-Tunnel saniert. Die Elektrifizierung der Strecke war damals schon geplant, daher schützte man den sanierten Tunnel vor dem Rauch der Dampflokomotiven und nahm die Strecke am 29. Mai 1965 elektrifiziert wieder in Betrieb. Der elektrische Betrieb auf dem Abschnitt von Linz bis Spital am Pyhrn wurde am 25. September 1977 aufgenommen. Im Bereich Linz erforderte der Anstieg des Personennahverkehrs ein zweites Streckengleis. Zwischen 20. Juli 1982 und 25. Mai 1988 wurde das zweite Gleis bis Nettingsdorf gebaut. Der Ausbau ging weiter, seit 2009 gibt es das zweite Gleis zwischen Wartberg an der Krems und Abzweigung Wartberg 3 sowie seit 16. Oktober 2015 einen neuen Bahnhof in Linzerhaus.

Das Schalchgraben-Viadukt mit 62 Meter Spannweite befährt am 3. Juli 2018 die 1144 217 mit IC 502 und wird als Nächstes den Bahnhof Hinterstoder erreichen.

Am 13. Juni 1969 hat die 2045.05 mit Eilzug 808 den Bahnhof Hinterstoder verlassen und passiert die Teichlbrücke bei der Fahrt nach Linz.

Von Marchtrenk bis Traun (12,804 Kilometer) und Schleife Traun (497 Meter)

Die Strecke zweigt in Marchtrenk Richtung Osten von der Westbahn ab, gelangt bei Rutzing zur Traun, dann neben dem Fluss bis zum Bahnhof Traun, wo sie Richtung Linz in die Pyhrnbahn mündet. Die 0,497 Kilometer lange Schleife im Bahnhof Traun ermöglicht direkte Zugfahrten Richtung Selzthal.

Zur Entlastung der Westbahn zwischen Linz und Wels entstand eine eingleisige elektrifizierte Strecke zwischen Marchtrenk und Traun. Die Bauarbeiten dafür begannen am 1. Juli 1991, die Eröffnung fand am 19. Mai 1994 statt.

Von Wels Hauptbahnhof bis Staatsgrenze vor Passau (79,636 Kilometer)

Die Strecke verlässt den Bahnhof Wels am Westkopf, biegt nach Norden ab, steigt zuerst mit sechs Promille an und fällt dann ins Tal des Innbaches zum Bahnhof Haiding ab. Danach folgt sie der Trattnach bis zur Haltestelle Obertrattnach-Markt Hofkirchen und biegt zur Dürren Aschach ab. Nun erreicht sie den Bahnhof Neumarkt-Kallham, gelangt bei der Haltestelle Kumpfmühl ins Tal der Pram und führt ab Schärding parallel zum Inn bis zur Staatsgrenze in Kilometer 79,636.

Die Konzession für die Strecke von Linz nach Passau bekam die Kaiserin Elisabeth-Bahn gemeinsam mit jener für die Strecke von Wien nach Salzburg. Aus finanziellen Gründen konnte mit der Realisierung jedoch nicht sofort begonnen werden. Schließlich verlegte man den Beginn der Bahn von Linz nach Wels. Die Bauarbeiten starteten am 6. August 1860, die Prüfung fand am 13. August 1861 statt, die Eröffnung am 1. September 1861.

Der Unterbau wurde für zwei Gleise gebaut, man verlegte aber nur ein Gleis. Den Betrieb führte die Kaiserin Elisabeth-Bahn bis 1. Jänner 1881, dann die Staatsbahn. Das zweite Streckengleis zwischen Wels und Haiding steht seit 19. März 1906 in Betrieb. Der zweigleisige Ausbau wurde 1938 weitergeführt und war am 18. September 1938 abgeschlossen. Zwischen 1939 und 1945 folgten Erweiterungen von Bahnhöfen.

Nach Kriegsende entfielen die Militärtransporte, was zur Auflassung von Gleisen in den Bahnhöfen führte. Das nächste Ziel war die Elektrifizierung der Strecke. Die Bauarbeiten dafür begannen am 1. Oktober 1954, die Prüfung fand am 17. Mai 1955 statt, die Inbetriebnahme am 22. Mai 1955 und die feierliche Eröffnung am 3. Juni 1955.

2006 begann man mit dem Ausbau der Bahn zur Hochleistungsstrecke. Diese Arbeiten sind derzeit in der Endphase.

Im Bahnhof Haiding ist am 6. April 1955 5070.09 mit Zug 6016 aus Aschach an der Donau eingelangt. Hier entstand 1873 eine Betriebsausweiche, die 1886 mit dem Bau der Lokalbahn zum Bahnhof erweitert wurde.

Den Bahnhof Wernstein verlässt im August 1971 die 1073.14 mit einem Personenzug Richtung Passau. Gleich neben der Bahnstrecke steht die Ende des 15. Jahrhunderts erbaute Pfarrkirche zum Heiligen Georg.

Von Neumarkt-Kallham bis Staatsgrenze nächst Braunau am Inn (59,229 Kilometer)

Die Strecke zweigt im Bahnhof Neumarkt-Kallham von der Strecke nach Passau ab, verläuft als drittes Gleis etwa zwei Kilometer Richtung Passau und folgt dann der Dürren Aschach Richtung Westen. Die Pram wird gequert und schließlich Ried im Innkreis erreicht. Weiter folgt die Strecke dem Gurtenbach, bei der Haltestelle Geinberg biegt die Strecke ins Inntal ab, übersetzt die Mattig und gelangt zum Bahnhof Braunau am Inn. Nach einem Rechtsbogen erreicht man die 330 Meter lange Innbrücke, in deren Mitte in Kilometer 59,229 die Staatsgrenze liegt.

Der Plan einer Eisenbahn nach Bayern über Braunau am Inn war schon 1844 im Gespräch. Am 22. August 1865 bekam Graf Arco-Valley die Konzession für den Bau und Betrieb der Bahn, die von Neumarkt über Ried nach Braunau führen sollte. Am 13. November 1868 wurde die k. k. priv. AG Neumarkt-Ried-Braunauer Bahn gegründet, der Baubeginn erfolgte im März 1869, die Fahrt des ersten Materialzugs am 21. März 1870. Bei der Prüfung am 14. November 1870 wurden viele Mängel festgestellt und die Betriebsbewilligung daher nicht erteilt.

Inzwischen erkannte die Kaiserin Elisabeth-Bahn, dass diese neue Bahn mit der um 65 Kilometer kürzeren Verbindung zwischen Wien und München einen echten Konkurrenten darstellte. Am 1. November 1870 kaufte sie den Mitbewerber.

Nach Behebung der Baumängel erfolgte am 20. Dezember 1870 die Betriebsaufnahme der eingleisigen Bahn von Neumarkt-Kallham bis Braunau am Inn.

Für die Strecke von Braunau über die Grenze nach Simbach erfolgte der Baubeginn am 3. Juli 1868, die Prüfung am 11. Mai 1871 und die Eröffnung am 1. Juli 1871.

In den Hochwasserjahren kam es zu schweren Zerstörungen. Der Zugsverkehr war vom 30. Juli bis 4. September 1897 wegen der eingestürzten Achbrücke und der Mattigbrücke unterbrochen. Vom 13. September bis 19. Oktober 1899 kam es zu einer neuerlichen Unterbrechung wegen des Einsturzes der Achbrücke und der provisorischen Mattigbrücke. Zusätzlich gab es wegen Schäden an der Innbrücke vom 14. September 1899 bis 16. Oktober 1899 keinen Zugsverkehr von Braunau nach Simbach.

Die eingleisige Strecke benützte von Neumarkt-Kallham bis knapp vor Kimpling den Unterbau des zweiten Gleises der Passauer Strecke. Ab 6. September 1938 baute man am Beginn der Trasse nach Braunau die provisorische Abzweigung Unterfurt und verwendete bis zum 17. April 1939 das ursprüngliche Gleis nach Braunau als zweites Streckengleis nach Passau. Am 17. April 1939 wurde das neue Gleis nach Braunau in Betrieb genommen, und die Abzweigung Unterfurt wurde wieder aufgelassen.

1945 sprengte die Wehrmacht zu Kriegsende die Innbrücke. Erst ab dem 19. Dezember 1946 war die neue Brücke wieder befahrbar.

Die Zukunft der Strecke ist gesichert, die Elektrifizierung ist bis 2029 vorgesehen.

Im Bahnhof Ried im Innkreis hält am 1. Mai 1987 der Regionalzug 3479, gebildet aus 6581 056 sowie 7081 024 und 5081 057. Der Einsatz von Schienenbussen war im Bereich Wels und Linz auf nicht elektrifizierten Strecken damals üblich.

Von Landesgrenze im Koppental bis Schärding (137,757 Kilometer) und von Holzleithen bis Thomasroith (6,186 Kilometer)

Die aus Stainach-Irdning kommende Strecke erreicht in Kilometer 36,365 Oberösterreich. Die Bahn verläuft im Trauntal, passiert Bad Ischl und Ebensee und gelangt westlich des Traunsees nach Gmunden. Nun verlässt die Strecke die Traun und erreicht im Bahnhof Attnang-Puchheim die Westbahn. Dann steigt sie bis Holzleithen an und überwindet im Anschluss das Hausruckmassiv. Nach dem 709,75 Meter langen Hausrucktunnel fällt die Bahn der Oberach folgend bis zum Bahnhof Ried im Innkreis ab. Weiter geht es neben dem Treibach, bis bei Antiesenhofen das Inntal erreicht wird. Bei Kilometer 171,2 wird die Strecke nach Passau erreicht, auf der es in den Bahnhof Schärding geht, wo die Strecke in Kilometer 174,122 endet.

Die Zweigstrecke nach Thomasroith begann im Bahnhof Holzleithen, bog nach Westen ab, umfuhr den Urhammerberg und gelangte dann in südlicher Richtung nach Thomasroith.

Die Normalspurbahn von Stainach-Irdning nach Schärding hat zwei schmalspurige Vorläufer mit 1106 Millimeter Spurweite.

Der erste Vorläufer war die 13,3 Kilometer lange Kohlenbahn von Thomasroith nach Niederstraß bei Attnang. Diese Pferdebahn nahm 1850 den Betrieb auf und erhielt am 21. Mai 1870 den Lokomotivbetrieb. Eine geplante Verbindung mit der Bahn von Lambach nach Gmunden kam nie zustande. Durch die Normalspurbahn wurde dieser Vorläufer überflüssig. Am 23. Oktober 1877 stellte sie ihren Betrieb ein. Die Normalspurbahn benützt zwischen Wolfshütte und Attnang-Puchheim die Trasse der Kohlenbahn.

Der zweite Vorläufer war die Schmalspurbahn zwischen Traunsee und Hallstätter See. Sie sollte die Kohlentransporte zu den Sudhäusern und die Salztransporte von Hallstatt und Bad Ischl erleichtern. Am 9. Dezember 1869 wurde die Konzession zum Bau des zweiten Vorläufers erteilt und im November 1871 die k. k. priv. Ebensee-Ischl-Steeger Eisenbahn gegründet. Die Bauarbeiten begannen am 1. Juni 1872, die erste Lokomotive traf am 17. September 1872 in Ischl ein. Am 9. Mai 1873, dem Schwarzen Freitag, brach die Wiener Börse zusammen. Die am 27. August 1873 folgende Insolvenz der Wechselbank, die den Bahnbau finanzierte, führte zur Einstellung des Bahnbaues (85,5 Prozent des Unterbaues und 15,9 Prozent der Hochbauten waren zu diesem Zeitpunkt fertig, mit dem Gleisbau hatte man noch nicht begonnen). Am 7. April 1876 wurden die unfertigen Bahnanlagen an die Kronprinz Rudolf-Bahn verkauft, die sie beim Bau der Normalspurbahn verwendete.

Die Kronprinz Rudolf-Bahn bemühte sich um eine weitere Bahnverbindung: jene durch das Salzkammergut zur Westbahn und weiter über das Hausruckgebiet bis zur Strecke von Wels nach Passau sowie um eine Abzweigstrecke ins Zentrum des Kohlenbergbaues nach Thomasroith. Die Konzessionserteilung erfolgte am 27. Mai 1875, mit den Bauarbeiten begann man am 6. November

Am Ufer des Hallstätter Sees fährt am 14. März 1993 die 1141 012 mit Regionalzug 3406 bergwärts. Der Zug hat die Haltestelle Obersee verlassen und passiert nun das Blocksignal der Gegenrichtung. Dieser Blockposten stand bis 13. November 2000 in Betrieb.

Die 1189.03 hat mit dem Personenzug die Haltestelle Ebensee Landungsplatz verlassen und wird am 18. Mai 1974 nach der Fahrt neben dem Traunsee gleich in das Dunkel des Sonnsteintunnels eintauchen.

1875. Nach der Prüfung am 19. Oktober 1877 fand die Betriebsaufnahme am 23. Oktober 1877 statt. Den Betrieb der Strecken führte bis 1. Jänner 1880 die Kronprinz Rudolf-Bahn, dann die Staatsbahn. Die eigentliche Verstaatlichung erfolgte 1887.

Am 1. November 1880 führte man zur Reduzierung der Betriebskosten auf der Zweigstrecke nach Thomasroith den Nebenbahnbetrieb ein. Der Verkehrsanstieg erforderte bis 1891 zusätzliche Bahnhöfe in Hausruck, Altmünster am Traunsee, Bad Ischl Frachtenbahnhof und Bad Goisern.

Am 15. August 1897 wurde die Strecke in der Koppenschlucht bei der Landesgrenze durch Hochwasser so stark zerstört, dass sie auf 4,24 Kilometer Länge in größerer Entfernung von der Traun neu gebaut werden musste. Die Betriebsaufnahme erfolgte am 1. Oktober 1898.

Die Verlängerung des Bahnhofs Attnang-Puchheim erforderte die Umlegung der Strecke aus Stainach-Irdning. Am 23. Dezember 1903 ging die um 300 Meter längere Strecke in Betrieb.

In der Monarchie gab es Pläne zur Einführung des Elektrobetriebs auf Vollbahnen. Das Militär war dagegen, es fürchtete bei Beschädigungen der elektrischen Anlagen die Unterbrechung des Bahnbetriebs. Nach dem Ersten Weltkrieg wurde die Beschaffung der Kohle für den Bahnbetrieb immer kostspieliger, daher beschloss man 1920 die Einführung des elektrischen Betriebs und elektrifizierte als Erstes die militärisch nicht bedeutsame Strecke von Stainach-Irdning nach Attnang-Puchheim. Die Bauarbeiten begannen 1921, in der Nacht vom 21. auf den 22. Dezember 1923 fand die erste elektrische Probefahrt von Bad Aussee bis Steeg-Gosau statt. Ab 24. Juli 1924 war die gesamte Strecke elektrisch in Betrieb.

Die Kohlenförderung wurde von Thomasroith immer mehr nach Ampflwang verlegt, was schließlich zur Stilllegung der Zweigstrecke nach Thomasroith führte. Die Einstellung des Personenverkehrs erfolgte am 22. Mai 1932, jene des Gesamtverkehrs am 15. Jänner 1935.

Die nächsten Baumaßnahmen betrafen die Zufahrt zum Bahnhof Schärding. Durch den Bau des zweiten Gleises nach Passau mündete die Strecke ab 22. September 1938 aus Stainach-Irdning bei der Abzweigung St. Florian in die zweigleisige Strecke von Wels nach Passau. Vom 24. Juli 1939 bis 10. Juli 2011 gab es dann wieder ein eigenes Gleis bis Schärding. Die Änderungen im Verkehr führten ab 1974 zur Auflassung der Bahnhöfe Aurolzmünster, Suben, Holzleithen, Goisern Jodschwefelbad, Eberschwang und Bad Ischl.

Durch einen Vertrag mit dem Land Oberösterreich sind die Modernisierung von Bahnhöfen und der Bestand der gesamten Bahn bis 2030 gesichert.

Nach dem Bahnhof Traunkirchen fährt am 11. April 1979 die 1045.06 mit einem Güterzug neben dem Traunsee bergwärts. Die Lokomotiven der Reihe 1045 wurden 1927 gebaut und danach auf dieser Strecke eingesetzt.

Am 8. August 1953 hält im Bahnhof Hausruck die 86.476 mit Personenzug 3427. Von hier steigt die Strecke Richtung Attnang-Puchheim an, um nach etwa 2,5 Kilometern im Hausrucktunnel den höchsten Punkt der Strecke zu erreichen.

Am 5. November 1988 verlässt der Regionalzug 3476 mit Lok 2043 022 den Bahnhof Ottnang-Wolfsegg. Das im Bild sichtbare Form-Einfahrsignal wurde am 30. Jänner 2001 durch ein Lichtsignal ersetzt.

Die Nebenbahnen

Alle Eisenbahnen mit Lokomotivbetrieb bekamen in Österreich den gleichen technischen Standard vorgeschrieben (Normalspur, große Bogenradien, aufwendiger Oberbau, Sicherung aller Eisenbahnkreuzungen, Bahnwärterdienst ...). Dadurch waren der Bau und Betrieb einer Bahn teuer. Es rentierte sich nur dort, wo auch mit einem großen Verkehrsaufkommen gerechnet werden konnte. Die Wirtschaftskrise, ausgelöst durch den Zusammenbruch der Börse am 9. Mai 1873, führte dazu, dass der Ausbau des Eisenbahnnetzes fast vollständig zum Erliegen kam. Daher änderte man die Bauvorschriften für Eisenbahnen und schaffte für Bahnen mit regionalen Aufgaben Erleichterungen (Zulassung kleiner Bogenradien, Verzicht auf Schrankenanlagen und Bahnwärterdienst, einfacherer Oberbau ...), reduzierte aber die Höchstgeschwindigkeit der Züge (anfänglich auf 12 km/h, später bis zu 35 km/h). Nun war es auch möglich, bei mäßigem Verkehrsaufkommen Eisenbahnen wirtschaftlich gesichert zu bauen und zu betreiben.

Spricht man in Oberösterreich von Nebenbahnen, muss man über Stern & Hafferl sprechen. Die Firma wurde von den Ingenieuren Josef Stern und Franz Hafferl 1883 gegründet und war ursprünglich ein Ingenieurbüro, das sich mit der Planung und dem Bau von Lokalbahnen und Elektrizitätswerken sowie der Einführung des elektrischen Betriebs auf Nebenstrecken beschäftigte. Die Firma wurde Teilhaber von Lokalbahngesellschaften und betreibt auch heute noch etliche Bahnstrecken.

Von Landesgrenze nächst Sarmingstein bis Mauthausen (42,697 Kilometer)

Die Bahn führt auf der Nordseite der Donau von Krems aus stromaufwärts und gelangt in Kilometer 64,757 erstmals nach Oberösterreich. Von Kilometer 66,281 bis 66,777 gelangt sie nochmals durch Niederösterreich und verläuft bis Dornach neben der Donau. Weiter geht es am Nordrand des Machlandes bis Perg, dann entlang der Aist bis Schwertberg, anschließend Richtung Südwesten zum Bahnhof Mauthausen, wo sie in die Strecke aus St. Valentin einmündet.

1887 entstand das erste Projekt einer Bahn von Mauthausen durch das Machland bis Grein zum Abtransport der landwirtschaftlichen und gewerblichen Produkte. Die Erteilung der Konzession erfolgte am 3. April 1897, der Baubeginn im Juli 1897. Am 20. September 1897 wurde die Lokalbahn-AG Mauthausen-Grein gegründet. Nach der Prüfung der Strecke am 1. Juli 1898 konnte am 4. Juli 1898 die Betriebsaufnahme erfolgen.

Den Betrieb der eingleisigen Normalspurbahn führte die Staatsbahn. Die Lokalbahn-AG bemühte sich um eine Fortsetzung der Strecke bis Krems. Die Erteilung der Konzession dafür erfolgte am 14. Dezember 1905, die Bauarbeiten starteten im Dezember 1907. Nach der Prüfung der Strecke am 30. November 1909 kam es am 4. Dezember 1909 zur Betriebsaufnahme. Die Staatsbahn führte auch hier den Betrieb.

Anfangs war die Bahn ein finanzieller Erfolg, doch ab 1922 begann der Betriebsabgang. Schließlich kam es am 1. Jänner 1930 zur Verstaatlichung und zur Liquidation der Lokalbahn-AG. Zur Kostenreduzierung setzte man ab 1931 Leichttriebwagen ein, die bis zu 70 km/h fahren durften. 1990 kam es bei Dornach zu einer Linienverbesserung, die Betriebsaufnahme erfolgte am 16. September 1990.

Die hohen Betriebskosten und das Sinken der Beförderungsleistungen im Mittelteil der Strecke führten am 14. Jänner 2010 zum Verkauf des in Niederösterreich liegenden Streckenteils an das Land Niederösterreich und zur Betriebseinstellung am 11. Dezember 2010.

Für die Strecke in Oberösterreich wurde am 2. Juli 2019 zwischen der Staatsbahn und dem Land Oberösterreich ein Vertrag abgeschlossen, der bis 2030 die Modernisierung und Elektrifizierung der Strecke bis St. Nikola-Struden vorsieht. Am 14. Dezember 2019 endete der Personenverkehr zwischen St. Nikola-Struden und Sarmingstein, der Güterverkehr bleibt weiter bestehen.

Kaolin ist ein Rohprodukt für die Porzellanherstellung. Es wurde im Aisttal außerhalb von Schwertberg gewonnen und im Werk Josefstal verarbeitet. Von dort führte ab 1923 eine 2,858 Kilometer lange schmalspurige Werksbahn zu einer Verladeanlage nach dem Bahnhof Schwertberg. In der Aisttal-Straße auf der Höhe des Schlosses Schwertberg fährt der Kaolinzug Richtung Verladeanlage. Die Lokomotive ist eine feuerlose Dampflokomotive. Der Kessel der Lok wurde mit Heißwasser und Heißdampf aus der Dampfanlage des Werkes gefüllt. So konnte der Zug ohne Rauch- oder Abgasbelästigung durch den Ort Schwertberg fahren. Eine Füllung reichte für die Hin- und Rückfahrt. Diese beachtenswerte Bahn war bis zum 13. Oktober 1982 in Betrieb.

Regionalzug 6167 mit Triebwagen 5022 008 passiert am 10. April 2015 den Dimbach-Viadukt bei St. Nikola-Struden. Unter dem Viadukt erkennt man das rückgestaute Wasser des Donaukraftwerks Ybbs-Persenbeug.

Im Bahnhof Schwertberg ist am 28. August 1956 der aus St. Valentin kommende Personenzug 4114, gezogen von 93.1385, eingelangt. Bis zum Umbau 2013 hatte der Bahnhof vier, seither nur mehr zwei Gleise.

Von Garsten bis Klaus (39,882 Kilometer) und von Pergern bis Bad Hall (15,445 Kilometer)

Die Steyrtalbahn begann in 300,000 Meter Seehöhe im Bahnhof Garsten der Strecke von St. Valentin nach Villach, bog nach Norden ab, stieg mit bis zu 25 Promille an und überwand den Höhenrücken, der Ennstal und Steyrtal trennt. Bei der Leopold-Werndl-Straße erreichte die Bahn das Stadtgebiet von Steyr. Dann fiel sie ab und gelangte mit einem Bogen nach Westen zum im Steyrtal gelegenen Lokalbahnhof Steyr. In diesem Tal verlief die Bahn bis Klaus in 476,825 Meter Seehöhe, wobei sie bis Waldneukirchen auf der Ostseite, dann auf der Westseite unterwegs war. Die Strecke nach Bad Hall zweigte im Bahnhof Pergern von jener nach Klaus ab, übersetzte die Steyr auf einer 50 Meter langen Stahlbogenbrücke, stieg mit 23 Promille, angebaut an der Konglomeratwand, aufwärts, gelangte in der Hochebene bis Sierning und dann entlang der Hügel des Alpenvorlandes weiter zum Endbahnhof Bad Hall.

Die ersten Projekte einer Bahn im Steyrtal, als Verbindung der Strecke im Ennstal mit jener aus dem Kremstal, gehen auf das Jahr 1880 zurück. Vor allem die Eisenindustrie und die Holzgewinnung im Steyrtal waren an einer Bahn interessiert. Aus Kostengründen entschloss man sich zum Bau einer Schmalspurbahn mit 760 Millimeter Spurweite, was damals die geänderte Gesetzeslage ermöglichte. Die Erteilung der Konzession erfolgte am 18. Februar 1888, die Gründung der Steyrtalbahn AG am 12. Juli 1888. Die Bauarbeiten für die Strecke von Garsten bis Grünburg begannen am 22. August 1888, die Prüfung erfolgte am 14. August 1889 und die Eröffnung am 20. August 1889. Der Baubeginn für die Strecke von Grünburg nach Agonitz erfolgte im Mai 1890, die Prüfung am 17. November 1890 und die Eröffnung am 19. November 1890.

Anschließend begannen die Vorarbeiten für den Bau des letzten Streckenabschnittes bis zum Anschlussbahnhof an die Kremstalbahn, doch der Weiterbau unterblieb vorläufig aus finanziellen Gründen. Dafür entstand die Verbindung von Pergern nach Bad Hall. Die Erteilung der Konzession erfolgte am 21. August 1890, der Baubeginn im April 1891, die Prüfung am 30. November 1891 und die Eröffnung am 2. Dezember 1891. Den Betrieb führte die Steyrtalbahn selbst. In den Hochwasserjahren ruhte der Betrieb vom 30. Juli bis 10. Oktober 1897 und 12. September bis 26. November 1899. Zum Schutz vor weiteren Hochwasserschäden wurde die Bahntrasse bis 1902 in einigen Abschnitten höher oder neu verlegt.

Anschließend wurde der Weiterbau wieder aktuell, musste aber durch den Bau der Pyhrnbahn bis Klaus geführt werden. Für den Abschnitt von Agonitz nach Klaus erfolgte die Konzessionserteilung am 20. Dezember 1905, die Bauarbeiten begannen im Mai 1908. Bei der Prüfung am 11. Oktober 1909 wurden grobe Mängel festgestellt, eine Betriebsbewilligung abgelehnt. Nach der Nachprüfung am 23. Oktober 1909 erfolgte am 26. Oktober 1909 die Betriebsaufnahme. Beachtenswert ist dabei, dass nach der Haltestelle Frauenstein auf über zwei Kilometer Länge die Steyrtalbahn auf der mittlerweile aufgelassenen Trasse der Kremstalbahn verlief.

Am 14. September 1968 verlässt die 298.25 mit Personenzug GK 17 den Bahnhof Garsten. Im Hintergrund erkennt man das 1082 gegründete und 1787 aufgelassene Stift, das seit 1850 eine Justizanstalt ist. Beachtenswert ist die ehemalige Klosterkirche, heute Pfarrkirche, aus dem Jahr 1685.

Im Ersten Weltkrieg wünschte das Militär zu den Waffenfabriken in der Nähe von Steyr und Letten die Einführung eines Rollbockverkehres, um sich das Umladen zu ersparen. Nach Adaptionen an der Strecke gab es vom 26. Juni 1916 bis 5. September 1918 zwischen Garsten und Letten den gewünschten Rollbockverkehr.

Konnte die Steyrtalbahn bis 1918 jährlich einen Gewinn erwirtschaften, so begann in den Jahren danach langsam der finanzielle Untergang der Gesellschaft. Am 28. Februar 1931 kam es zur Übergabe des Betriebs an die Staatsbahn, am 1. Jänner 1940 zur endgültigen Verstaatlichung. 1929 überlegte man erstmals, den Betrieb nach Bad Hall aufzulassen, da hier die Autobuskonkurrenz den größten Fahrgastrückgang verursachte. Am 1. August 1933 wurde zwischen Sierning und Bad Hall der Betrieb bis auf Widerruf und am 18. November 1939 endgültig eingestellt. 1940 folgte der Abtrag des Oberbaues, der dann auf der Waldbahn Reichraming weiterverwendet wurde.

1938 plante die Staatsbahn den Neubau einer Normalspurbahn von Bad Hall nach Steyr auf der alten Trasse. Kriegsbedingt unterblieb die Realisierung.

Den Zweiten Weltkrieg überstand die Bahn unbeschädigt. Nach dem Krieg kam es wohl zu einigen Verbesserungen an der Bahn, eine Erneuerung der Fahrzeuge unterblieb jedoch. Die steigenden Betriebskosten und die sinkenden Einnahmen führten letztlich zur abschnittsweisen Stilllegung der Strecke, und zwar von Pergern nach Sierning am 1. Jänner 1967, von Molln nach Klaus (Personenverkehr) am 26. Mai 1968, von Grünburg nach Molln (Personenverkehr) am 20. März 1980 und von Haunoldmühle nach Klaus (Güterverkehr) am 29. März 1980. Der Gesamtverkehr von Garsten nach Grünburg und der Güterverkehr von Grünburg nach Haunoldmühle wurde am 28. Februar 1982 beendet. Die offizielle Einstellung der Bahn erfolgte am 1. Dezember 1982.

Die Österreichische Gesellschaft für Eisenbahngeschichte, gegründet am 12. Jänner 1974, hat das Ziel, historische Fahrzeuge und Anlagen von Eisenbahnen zu erhalten. Nach der Stilllegung der Steyrtalbahn bemühte sie sich, zumindest einen Teil als Museumsbahn zu erhalten. Nach dem Verkauf der Grundstücke des Abschnittes von Garsten nach Steyr Lokalbahnhof und dem Ausbau der Trasse ab Grünburg zum Radweg verblieb der Abschnitt von Steyr Lokalbahnhof nach Grünburg für eine Museumsbahn. Der heute sehr erfolgreiche Museumsbahnbetrieb begann am 16. Juni 1985.

Am 24. März 1968 wird die 298.52 mit GK 14 gleich den Bahnhof Grünburg erreichen. Der hier sichtbare Streckenabschnitt musste nach dem Hochwasser 1899 über einen Meter angehoben werden.

Das Viadukt nach der Haltestelle Steyrdurchbruch befährt 498.07 am 15. September 1966 mit dem „Stanazug“ nach Klaus. In Molln wurde ein besonderer Kalkstein gewonnen. Er wurde bis Klaus mit der Steyrtalbahn transportiert, dort umgeladen und weiter zur voestalpine nach Linz befördert. Das aus Beton erbaute Viadukt wird heute für einen Radweg weiterverwendet.

Am 10. September 1968 bringt die 298.14 den Güterzug nach der Haltestelle Frauenstein nach Klaus. Der Zug befährt hier die von der Steyrtalbahn übernommene Trasse der 1905 aufgelassenen Kremstalbahn.

Die Strecke nach Bad Hall der Steyrtalbahn führte gleich nach der Steyrbrücke bei Pergern entlang einer Konglomeratwand aus dem tief gelegenen Tal aufwärts. Am 10. September 1966 plagt sich die 298.102 mit dem Güterzug mit Personenbeförderung PS 53 die steile Rampe bergauf.

Am 8. August 1956 hat der Güterzug mit Personenbeförderung PS 53, bespannt mit 298.105, den Bahnhof Sierning erreicht. Die 298.105 ist noch eine originale Lokomotive der Steyrtalbahn.

Von Linz bis Neumarkt-Kallham (54,965 Kilometer) und von Niederspaching bis Peuerbach (3,731 Kilometer)

Die Strecke begann am Lokalbahnhof in Linz und führte am Rande des Hauptbahnhofs, dann neben der Westbahn weiter bis Leonding, dort biegt sie nach Nordwesten ab, überwindet die Hügelkette zum Donautal und gelangt in westlicher Richtung zum Bahnhof Eferding. Nun führt die Bahn durch das hügelige Voralpenland weiter und erreicht bei Waizenkirchen die Dürre Aschach, der sie bis zum Endpunkt in Neumarkt-Kallham folgt. Im Bahnhof Niederspaching beginnt die Zweigstrecke und führt am Fuße des Feichtenberges zum Endbahnhof Peuerbach.

Bereits um 1880 bemühte man sich um den Bau einer Bahn von Linz ins fruchtbare Eferdinger Becken. Die Stadt Wels, die hier die Bahn nach Aschach in Betrieb hatte, wünschte keine Konkurrenz und war daher ein Gegner einer weiteren Bahn in diesem Gebiet. Diese Sachlage veranlasste 1893 Interessenten, sich für den Bau einer Bahn von Neumarkt-Kallham über Peuerbach nach Waizenkirchen einzusetzen. Erst 1907 war diese Bahn mit Abzweigung nach Peuerbach baureif. Die Konzessionserteilung erfolgte am 13. Oktober 1907, der Baubeginn im Dezember 1907, die Prüfung am 17. Dezember 1908 und die Betriebsaufnahme der elektrischen Bahn am 18. Dezember 1908. Im September 1909 wurde die Lokalbahn Neumarkt-Waizenkirchen-Peuerbach gegründet.

Ab 1909 bemühte sich in Linz ein Aktionskomitee um eine Bahn von Linz über Eferding nach Waizenkirchen. Nach der Durchführung der Vorarbeiten wurde auch diese Bahn als elektrische Lokalbahn gebaut. Die Konzessionserteilung erfolgte am 12. Jänner 1911, der Baubeginn im Februar 1911. Der Abschnitt von Linz nach Eferding wurde nach der Prüfung, die am 22. Dezember 1911 stattfand, am 21. März 1912 in Betrieb genommen. Die Prüfung der Strecke von Eferding nach Waizenkirchen erfolgte am 10. Dezember 1912, die Betriebsaufnahme am 16. Dezember 1912.

Ende 1911 wurde die Lokalbahn-AG Linz-Eferding-Waizenkirchen gegründet. Den Betrieb der gesamten Bahn führte bis 1. Jänner 1913 die Staatsbahn, danach die Firma Stern & Hafferl.

In Linz wurde beim Umbau des Hauptbahnhofs 1912 für die Lokalbahn ein Bahnsteig vorgesehen und daher nur ein provisorischer Lokalbahnhof gebaut, der bis zum 8. November 2005 in Betrieb blieb.

Im Zweiten Weltkrieg kam es zu Beschädigungen des Linzer Bahnhofs. Nachdem man die Schäden behoben hatte, erforderte 1958 der Bau einer Wohnhausanlage in Linz die Verlegung der Bahntrasse.

Die ab 2000 beschafften Fahrzeuge können sowohl mit Gleichstrom als auch mit Wechselstrom betrieben werden und ermöglichten letztlich am 18. November 2005 die Einbindung der Bahn in den Hauptbahnhof. Heute ist die Lokalbahn modern ausgebaut, der Bestand ist gesichert.

Der 1912 als Provisorium gebaute Lokalbahnhof blieb bis 2005 in Betrieb. Die Garnitur 22 230, 22 130, 22 234 und 22 134 ist als Regionalzug 8028 im Lokalbahnhof angekommen und wird nun auf das Gleis 1 überstellt. Kassenraum und Bahnsteige sind hinter der Garnitur zu sehen. Diese 1955 gebauten Wagen wurden 1970 von der Köln-Frechen-Benzelrather Eisenbahn gebraucht erworben.

Auf der ursprünglichen Ausfahrt verlässt am 10. Juli 1959 ET 22 106 mit Personenzug den Lokalbahnhof in Linz. In der Straßendurchfahrt durch das Haus im Hintergrund befand sich die Endstelle der aufgelassenen Straßenbahnlinie M.

Ausgangspunkt der Linzer Lokalbahn ist heute der Hauptbahnhof. Daher müssen die neuen Triebwagen sowohl mit Wechselspannung (am Hauptbahnhof) als auch Gleichspannung (Lokalbahnstrecke) betrieben werden können. Am 8. Februar 2008 wartet der Triebwagen 22 155 als Regionalzug 8017 am Hauptbahnhof auf die Abfahrt.

Die Lok 22 003 bringt den Personenzug L6 beim Stellwerk 3 kurz vor der Haltestelle Untergaumberg zum Lokalbahnhof nach Linz. Hier verlaufen die Gleise der Pyhrnbahn (links), der Westbahn (Mitte) und der Lokalbahn (rechts) nebeneinander. Die Fahrzeuge des Zuges stammen alle von der ehemaligen Lokalbahn von Wien nach Pressburg, die Lok von der Pressburger Stadtstrecke.

Triebwagen 22 108 am 25. März 2006 im Gemeinschaftsbahnhof mit der Lokalbahn nach Aschach. Dieser 1951 gebaute Triebwagen kam 1991 von der Salzburger Lokalbahn zur Linzer Lokalbahn.

Triebwagenzug mit 22 133 und 22 233 fahren am 8. Mai 1976 bei Prattsdorf. Den Hintergrund ziert ein für Oberösterreich typischer Vierkanthof.

Am 26. März 1970 warten am Abzweigbahnhof Niederspaching die Wagen 25 103 und 20 001 auf die Weiterfahrt. Der große Blechkasten neben dem Bahnhofsgebäude beinhaltet die Wiegeeinrichtung der 1930 gebauten Gleisbrückenwaage des Bahnhofs.

Von Urfahr bis Aigen Schlägl (57,784 Kilometer)

Die normalspurige Nebenbahn führt von Linz Urfahr in 264,10 Meter Seehöhe am Rande der Bundesstraße bis Gerling. Zwischen Rottenegg in 268,65 Meter Seehöhe und Gerling in Oberösterreich in 463,60 Meter Seehöhe überwindet die Bahn den 6,769 Kilometer langen Saurüssel mit Steigungen bis 46 Promille. Weiter geht es nach Neufelden, wo die Bahn das Tal der Großen Mühl erreicht, dem sie bis Haslach folgt. Dann steigt die Strecke an und erreicht bei Rohrbach-Berg in 627 Meter Seehöhe den höchsten Punkt. Nun geht es abwärts zum Endpunkt Aigen-Schlägl in 565 Meter Seehöhe.

Im Oberen Mühlviertel bemühte man sich bereits 1869 um einen Bahnanschluss. 1880 begannen die Planungen und Verhandlungen bezüglich einer Bahn von Linz bis Aigen-Schlägl mit der Möglichkeit der Verlängerung. Dabei standen Trassenvarianten über Neufelden nach Aigen-Schlägl oder durch das Rodeltal weiter über Zwettl an der Rodl und Bad Leonfelden nach Aigen-Schlägl zur Auswahl. Bei der Trassenrevision im Dezember 1883 wünschte die Eisenbahnbehörde den Bau der Bahn in der Spurweite der Linzer Straßenbahn und die Verbindung mit dieser in Urfahr. Letztlich erfolgte der Bau einer Normalspurbahn über Neufelden. Die Erteilung der Konzession erfolgte am 28. Juli 1886, der Baubeginn am 6. Juni 1887, die Prüfung am 10. Oktober 1888 und die Eröffnung am 17. Oktober 1888.

1888 wurde die Mühlkreisbahn AG gegründet, die den Betrieb der Bahn bis 18. Oktober 1900 führte, danach übernahm die Staatsbahn. Die Verstaatlichung der Bahn erfolgte am 1. Jänner 1942. Erst am 14. November 1900 bekam die Mühlkreisbahn einen Anschluss an das Eisenbahnnetz mit einer Donaubrücke in Linz. 1906 wurde der Oberbau erneuert, 1920 wegen Baues des Kraftwerkes Partenstein die Bahntrasse in diesen Bereich verlegt. 1927 wurden Triebwagen erprobt und nach Verbesserungen am Oberbau 1927 die Streckenhöchstgeschwindigkeit angehoben. Am 27. April 1934 beschädigte ein Sprengstoffanschlag die Mühlflussbrücke bei der Haltestelle Schlägl so schwer, dass die Brücke erst ab dem 24. Juli 1935 wieder ungehindert befahrbar war.

Die finanzielle Situation der Bahn war gut. Bis 1930 gab es einen Betriebsüberschuss (spätere Daten fehlen). 1938 plante man, die Strecken zwischen Urfahr und Ottensheim neben der Straße durch eine neue Trasse vom Hauptbahnhof neben der Westbahn bis Ottensheim zu ersetzen. Der Bau der Donaubrücke wurde noch begonnen, endete kriegsbedingt jedoch Ende Oktober 1939.

Am 10. Oktober 1976 plagen sich die 2045.02 und 2045.10 mit dem langen Personenzug 3854 bergauf vor Gerling. Die Personenwagen in diesem Zug wurden extra für die Mühlkreisbahn wegen der starken Steigung am Saurüssel besonders leicht gebaut.

Nach dem Zweiten Weltkrieg wurde die Bahn in gutem Zustand weitergeführt und ab 1966 im Zuge des Straßenneubaues die Bahntrasse von der Straße im Bereich zwischen Urfahr und Ottensheim getrennt. 1995 kam es zum Umbau des Abschnittes von Urfahr nach Rottenegg für den Nahverkehr. Die Donaubrücke als Verbindung zum Eisenbahnnetz erreichte das Ende ihrer Lebensdauer. Nachdem der Abtrag der Brücke und Neubau einer Straßenbrücke festgelegt war, gab es Pläne, die Mühlkreisbahn auf die Spurweite der Straßenbahn umzubauen und als Außenlinie der Straßenbahn weiterzuführen. Dieser und weitere Pläne blieben unausgeführt. Am 9. Dezember 2012 wurde der Güterverkehr eingestellt und am 1. Dezember 2015 die Verbindung zum Eisenbahnnetz unterbrochen.

Trotzdem schaut die Zukunft der Bahn gut aus, im Vertrag zwischen dem Land Oberösterreich und der Staatsbahn ist der Bestand der gesamten Bahn gesichert und die Elektrifizierung von Urfahr bis Kleinzell (die restliche Strecke wird mit Akku-Triebwagen befahren) bis 2026 vorgesehen.

Am 28. Jänner 2005 steht im Bahnhof Linz Urfahr der 5022 011 als Regionalzug 3124 zur Abfahrt bereit. Dahinter 5047 072. Die Strecke zur Donaubrücke führte hinter den Zügen in der Straße weiter.

Der erste Abschnitt der Mühlkreisbahn verlief bis 1966 direkt am Straßenrand der neben der Donau führenden Bundesstraße 127. Am 21. Juli 1957 ist 93.1404 mit dem aus zwei leichten Triebwagenanhängern bestehenden Zug UA 2 bei der Haltestelle Schiffmühle unterwegs.

Von Ebelsberg Lokalbahn bis St. Florian (9,726 Kilometer)

Die Lokalbahn begann in Ebelsberg bei der heutigen Straßenbahnhaltestelle Ebelsberg Ort, führte dann neben der Wiener Straße weiter Richtung Südosten. Vor dem Ipfbach bog die Bahn nach Westen ab und endete im Bahnhof St. Florian.

1908 entstand das Projekt, das landwirtschaftlich ertragreiche Gebiet zwischen Linz und Steyr mit einer Lokalbahn zu erschließen. Bei den Bauverhandlungen im Jahr 1910 gab es gegen die Bahn von Ebelsberg bis zur Stadtgrenze Steyr keinen Einwand, die Strecke von der Stadtgrenze bis zum Bahnhof in Steyr erhielt jedoch keine Genehmigung. Aus diesem Grund bemühte man sich, zumindest den ersten Teil der Bahn bis St. Florian zu realisieren.

Die Erteilung der Konzession und der Baubeginn erfolgten am 19. August 1912, die Prüfung am 27. August 1913 und die Betriebsaufnahme am 1. September 1913. Am 7. Februar 1914 wurde die Lokalbahn Ebelsberg-St. Florian gegründet. Die elektrische Bahn wurde von der Firma Stern & Hafferl betrieben, sie erhielt mit 900 Millimeter dieselbe Spurweite wie die Linzer Straßenbahn, da nach Neubau der Traunbrücke bei Ebelsberg die Verbindung mit dieser vorgesehen war. Noch 1913 kam es zur generellen Genehmigung, am 29. April 1915 zur Baubewilligung der Bahn im Bereich Steyr, doch kriegsbedingt wurde dieser Bau nie realisiert.

Der Neubau der Traunbrücke ermöglichte am 30. Juni 1929 den Zusammenschluss von Straßenbahn und Lokalbahn. 1930 konnte man ohne Umsteigen im Beiwagen direkt von Linz bis St. Florian fahren. Die Einstellung der Straßenbahn nach Ebelsberg wegen des Brückenneubaues der Traunbrücke am 14. Dezember 1973 führte am 2. Jänner 1974 zur Einstellung der Lokalbahn. Die Österreichische Gesellschaft für Eisenbahngeschichte bemühte sich, die Bahn als Museumsbahn zu erhalten. Nach Umbau des Bahnhofs St. Florian begann am 24. November 1979 der Museumsbahnbetrieb zwischen Taunleithen und St. Florian, dieser wurde

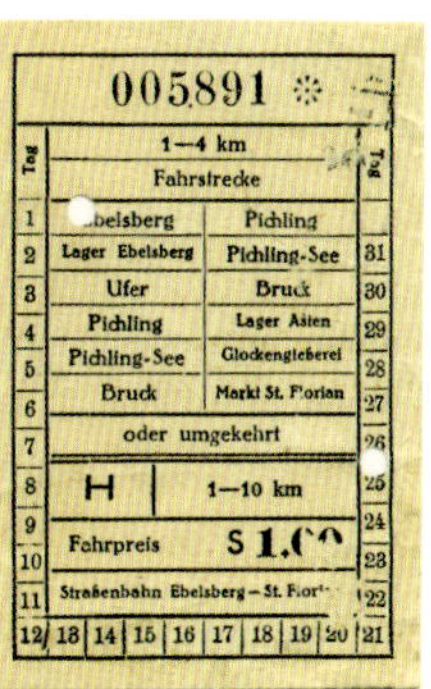

Schaffnerkarte der Florianerbahn im Format von 58 mal 87 Millimeter. Der Text auf der nach dem Zweiten Weltkrieg ausgegebenen Fahrkarte zeigt, dass aus der Lokalbahn nach dem „Anschluss“ juristisch eine Straßenbahn geworden war.

am 2. Mai 1982 bis Pichling See und am 4. Mai 1985 bis Pichling verlängert. Probleme mit den Eisenbahnkreuzungen führten am 30. Juni 2003 zur Einstellung des Museumsbahnbetriebs.

Heute besteht im Bahnhof St. Florian ein Museum, die Strecke ist abgetragen. Beachtenswert ist, dass es im Bereich Ebelsberg bis nach der heutigen Haltestelle Hauderweg seit 2. April 2002 eine neue Linie der Linzer Straßenbahnlinien (Ziel: Solar-City) gibt.

Die Lokalbahn nach St. Florian verlief parallel zur Wiener Straße. In der Nähe der Haltestelle Ufer fährt am 21. Juli 1957 der Triebwagen 2 mit Beiwagen 2 nach St. Florian.

Dass auf der Bahn nach St. Florian auch Fahrzeuge der Linzer Straßenbahn fahren konnten, zeigt dieses Bild eines Sonderzuges vom 25. April 1964: Straßenbahntriebwagen 21 und Beiwagen der Lokalbahn 1 und 3 beim Teich nach der Haltstelle Taunleithen.

Von Rohr bis Bad Hall (4,302 Kilometer)

Die normalspurige Lokalbahn zweigte in Rohr-Bad Hall von der Pyhrnbahn ab und gelangte neben dem Sulzbach bis zum Bahnhof Bad Hall.

Nach dem Bau der Kremstalbahn bemühte sich Bad Hall um einen Bahnanschluss, den die Kremstalbahn realisierte. Die Konzessionserteilung erfolgte am 25. Oktober 1886, der Baubeginn im November 1886, die Prüfung am 13. Mai 1887 und die Betriebsaufnahme am 15. Mai 1887. Zwischen 1911 und 1913 kam es in Bad Hall zum Bahnhofsumbau mit dem Neubau des großen Aufnahmsgebäudes. 1952 wurden drei Brücken erneuert, doch dann begann das Ende der Bahn. Ab 28. Mai 1989 wurde der Personenverkehr mit Autobussen geführt, im Dezember 1995 der Güterverkehr eingestellt. Der Gleisabtrag erfolgte im Juni 2007.

Kartonkarte der Bahn nach Bad Hall mit der Prägung: 12. Juli 1918.

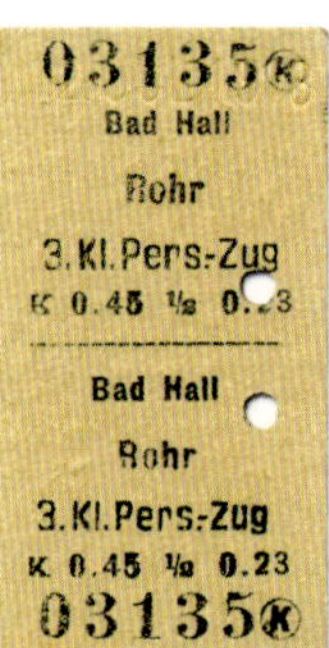

Viele Jahre lang fuhren zwei Zugspaare nach Bad Hall, weitere neun Zugspaare wurden mit Bussen geführt. Am 17. Mai 1989 steht 2043 061 mit Regionalzug 3959 am Hausbahnsteig in Bad Hall. Das mächtige, dem Kurort entsprechende Aufnahmsgebäude wurde 1913 gebaut.

Von Haiding bis Aschach an der Donau (21,378 Kilometer)

Die Strecke führt vom Bahnhof Haiding Richtung Passau und fällt zum Innbach ab, dem sie in Richtung Norden bis Eferding, dann der Aschach bis kurz vor den Endbahnhof Aschach an der Donau folgt. Weiterführende Gleise gab es bis zum Donauufer.

Die Stadt Wels wollte durch den Bau von Lokalbahnen die Umgebung eisenbahnmäßig erschließen. Als Erstes schuf man die Strecke nach Aschach. Die Erteilung der Konzession erfolgte am 10. Oktober 1885, der Baubeginn am 7. Jänner 1886, die Prüfung am 16. August 1886 und die Betriebsaufnahme am 20. August 1886. Den Betrieb der eingleisigen Lokalbahn führt die Staatsbahn. Am 30. Jänner 1888 wurde für die Bahn die Lokalbahn Gesellschaft Wels-Aschach gegründet, am 28. April 1894 diese zur Welser Lokalbahngesellschaft geändert. Die Verstaatlichung erfolgte am 1. Jänner 1942. Am 1. Mai 1898 wurde die Verlängerung zum Donauufer mit der Haltestelle Aschach-Donaulände in Betrieb genommen, das ermöglichte das Umsteigen zu den Donauschiffen. Diese Verlängerung blieb bis 7. Juli 1958 bestehen. Ab 14. Juli 1905 wurden im Personenverkehr auch Triebwagen eingesetzt. Am Platz der 1958 abgetragenen Verlängerung zur Donaulände bestand vom 25. Februar 1960 bis zum 15. Februar 1966 eine Anschlussbahn zur Baustelle des Donaukraftwerkes. Zur Verringerung der Betriebskosten reduzierten die Bundesbahnen ab 10. Juni 2001 die Anzahl der Personenzüge und stellten den Personenverkehr am 15. Dezember 2019 völlig ein.

Ab 1. Jänner 2021 übernimmt das Land Oberösterreich die Bahn, dadurch scheint der Bestand der Bahn gesichert.

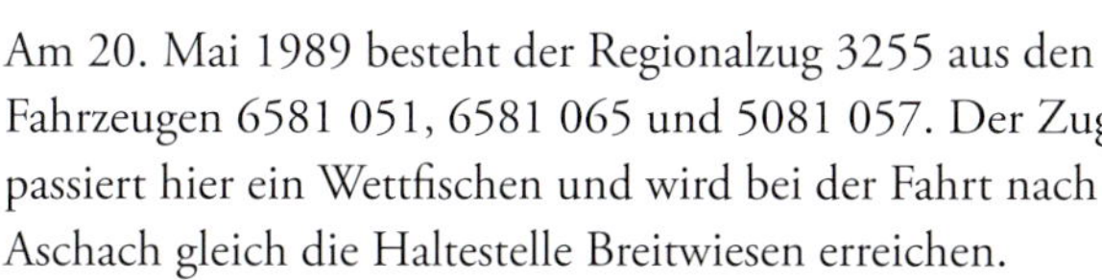

Am 20. Mai 1989 besteht der Regionalzug 3255 aus den Fahrzeugen 6581 051, 6581 065 und 5081 057. Der Zug passiert hier ein Wettfischen und wird bei der Fahrt nach Aschach gleich die Haltestelle Breitwiesen erreichen.

Von Wels bis Rohr-Bad Hall (25,305 Kilometer) und von Sattledt bis Grünau im Almtal (30,256 Kilometer)

Die Strecke zweigt am Westkopf in Wels Hauptbahnhof ab und biegt nach Süden ab. Neben dem Aiterbach strebt die Bahn bis zum Bahnhof Sattledt. Nun ging es in östlicher Richtung weiter, dann fiel die heute abgetragene Strecke ins Kremstal ab und mündete im Bahnhof Rohr-Bad Hall in die Kremstalbahn.

Die Strecke nach Grünau im Almtal zweigt am Ostkopf des Bahnhofs Sattledt ab und führt zuerst neben dem Aiterbach weiter, um nach Pettenbach ins Almtal zu gelangen, das die Bahn bis zum Endbahnhof nicht mehr verlässt.

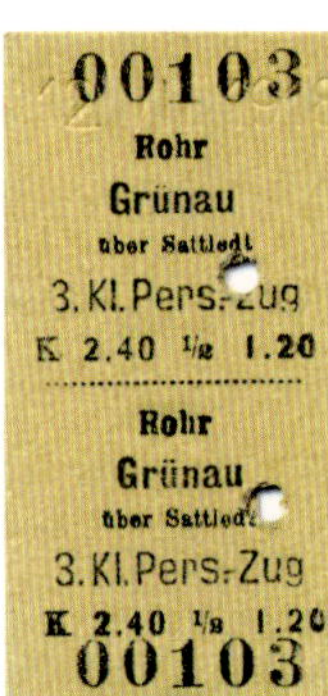

Kartonkarte für die Welser Lokalbahn mit der Prägung: 12. Juli 1918.

Als nächste Lokalbahn realisierte Wels die Verbindung mit dem Kremstal. Die Erteilung der Konzession erfolgte am 12. Jänner 1892, der Baubeginn im Juni 1892, die Prüfung am 13. Oktober 1893. Die Strecke von Wels nach Kremsmünster Stift nahm am 14. Oktober 1893 ihren Betrieb auf, das Reststück bis Rohr-Bad Hall am 19. November 1893. Auf der ins Kremstal führenden Strecke von Sattledt nach Rohr-Bad Hall sank der Verkehr. Als eine Brücke sanierungsbedürftig wurde, verzichtete man auf die Erneuerung, führte ab 29. Dezember 1965 den Personenverkehr mit Bussen ein und stellte am 1. Dezember 1966 die Bahn ein.

Für die Weiterführung der Bahn ins Almtal trat die Gemeinde Lambach als Konkurrent auf. Nachdem Wels die Finanzierung der Bahn früher gelang, erhielt die Welser Lokalbahngesellschaft am 3. Juni 1899 die Konzession. Mit den Bauarbeiten wurde am 1. Mai 1900 begonnen. Nach der Prüfung am 22. Mai 1901 fand am 23. Mai 1901 die Betriebsaufnahme statt.

Die Zukunft der Strecke ist gesichert, da bis 2030 die Elektrifizierung der Strecke bis Sattledt vorgesehen ist und bis Grünau alternative Triebwagen getestet werden sollen.

Den Hauptbahnhof in Wels verlässt am 14. Juli 1953 93.1306 mit dem Personenzug in Richtung Rohr. Die über den Bahnhof führende Stahlbrücke wurde am 2. Dezember 1916 in Betrieb genommen und ersetzte die dort befindliche Schrankenanlage. Seit 30. August 1952 ersetzt eine Unterführung diese Brücke.

93.1386 hat mit Personenzug 6129 am 10. August 1956 den Endbahnhof in Grünau im Almtal erreicht. Im Hintergrund erkennt man die in den Jahren 1695 bis 1709 erbaute Pfarrkirche.

Von Lambach bis Vorchdorf-Eggenberg (15,700 Kilometer)

Die Lokalbahn beginnt im Bahnhof Lambach, benützt die Strecke der Bundesbahn bis Stadl-Paura in Kilometer 3,759 mit und gelangt dann auf eigener Trasse zur Laudach, der sie bis zum Endbahnhof Vorchdorf-Eggenberg folgt.

Die Gemeinde Lambach legte 1897 das Projekt einer Lokalbahn von Lambach nach Grünau im Almtal vor. Nachdem die Bahn nach Grünau im Almtal von Wels aus realisiert worden war, bemühte sich die Gemeinde Lambach um eine Bahn nach Vorchdorf-Eggenberg. Bei der Planung zeigte sich, dass für die Lokalbahn die Mitbenützung der Strecke von Lambach nach Stadl-Paura von Vorteil wäre, daher wartete man mit dem Bahnbau die Umspurung der Bahn von Lambach nach Gmunden ab. Die Konzessionserteilung erfolgte am 20. Jänner 1903, der Baubeginn im Jänner 1903, die Prüfung am 9. September 1903 und die Betriebsaufnahme am 13. September 1903. Am 26. September 1903 wurde die AG-Lokalbahn Lambach-Vorchdorf-Eggenberg gegründet. Den Betrieb der eingleisigen Normalspurbahn führte die Staatsbahn bis 1. Mai 1931, danach Stern & Hafferl. Die Lokalbahngesellschaft wünschte die Senkung der Betriebskosten durch die Elektrifizierung der Bahn. Die Arbeiten dafür (800 Volt Gleichstrom) begannen im Mai 1931. Der Probebetrieb startete am 3. November 1931, nach der Prüfung am 16. November 1931 erfolgte am 17. November 1931 die Betriebsaufnahme. Neue Fahrzeuge und modernisierte Bahnhöfe und Haltestellen ließen die Passagierzahlen ansteigen und sichern den Bestand der Bahn auch in Zukunft.

Die Haltestelle Feldham passiert am 26. März 1967 20 107 mit einem Güterzug. Der Triebwagen 20 107 wurde 1908 für die Salzburger Lokalbahn gebaut (MBC 6), kam 1954 zu Stern & Hafferl und wurde 1973 verschrottet.

Am 10. August 1956 verschiebt im Bahnhof Lambach die 93.1428. Links daneben steht der Güterzug nach Vorchdorf-Eggenberg mit Lok E 20 001 abfahrbereit. Dort, wo heute die Gleise der elektrischen Lokalbahn liegen, war bis 1903 der Schmalspurbahnhof mit 1106 Millimeter Spurweite.

Der Zug 8218 mit 20 111 hält am 1. Juli 2000 im Bahnhof Stadl-Paura. Dieser Bahnhof ersetzt seit 1903 den ursprünglichen, von der Pferdebahn stammenden Bahnhof Alt Lambach.

Von Gmunden bis Vorchdorf-Eggenberg (14,759 Kilometer)

Die Bahn begann ursprünglich im Bahnhof Gmunden-Traundorf, bog nach Norden ab und mündete in die Normalspurbahn. Als Schmalspurgleis im Normalspurgleis gelangte die Strecke bis vor den Bahnhof Engelhof, wo sie die Normalspurbahn verließ und neben dem Bahnhof verlief. Heute ist die Strecke die Fortsetzung der Straßenbahn in Gmunden. Sie führt auf der Trasse der mittlerweile aufgelassenen Normalspurbahn weiter und mündet nach dem nun zur Lokalbahn gehörenden Bahnhof Engelhof in die ursprüngliche Strecke. Diese setzt sich in östlicher Richtung fort, bis vor Eisengattern die Laudach erreicht wird, der die Strecke bis zum Endbahnhof Vorchdorf-Eggenberg folgt.

1895 bemühte sich die Stadt Gmunden um den Bau einer Bahn in das Gebiet nordöstlich der Stadt. Gemeinsam mit Stern & Hafferl wurde das Projekt der eingleisigen schmalspurigen elektrischen Lokalbahn mit 1000 Millimeter Spurweite bis Vorchdorf-Eggenberg ausgearbeitet. Die Erteilung der Konzession erfolgte am 20. April 1911, die Gründung der AG Lokalbahn Vorchdorf-Gmunden am 27. April 1912 und der Baubeginn im Mai 1911. Nach der Prüfung am 15. März 1912 konnte die Strecke am 21. März 1912 eröffnet werden. Die Bahn wird von Stern & Hafferl betrieben.

Wegen des vorgesehenen Anschlusses an die Straßenbahn in Gmunden stimmte die Technik der Bahn mit jener der Straßenbahn überein. Die hohen Kosten einer neuen Traunbrücke und der Erste Weltkrieg verhinderten jedoch Realisierung der Verbindung.

Das Sinken der Transporte im Güterverkehr führte zu dessen Auflassung am 1. Jänner 1987. Am 27. Mai 1990 wurde die Lokalbahn vom ursprünglichen Bahnhof Gmunden-Traundorf in den umgebauten Seebahnhof verlegt. Die Ausbaupläne der Straßenbahn erforderten Änderungen der Lokalbahn. Am 10. März 2014 wurde der Betrieb von der Haltestelle Gmunden-Traundorf bei der Traunsteinstraße bis zum Seebahnhof eingestellt und die Strecke umgebaut. Am 18. Juni 2014 nahm die geänderte Strecke bis zur neuen Haltstelle Gmunden Seebahnhof und am 13. Dezember 2014 zweigleisig bis zum Klosterplatz den Betrieb auf.

Der lang gehegte Wunsch, Straßenbahn und Lokalbahn miteinander zu verbinden, ging am 1. September 2018 in Erfüllung. Juristisch gesehen endet seither die Straßenbahn in Kilometer 3,075 bei der Haltestelle Gmunden Seebahnhof, hier beginnt dann die Lokalbahn im Kilometer -0,185.

Am 14. Mai 1978 verlässt der 20 108 mit einem Personenzug das Dreischienengleis vor Gmunden und wird nach kurzer Fahrt den Endbahnhof Gmunden-Traundorf erreichen. Die Normalspurweiche vor dem Zug führte bis 1980 zum Gaswerk der Stadtgemeinde Gmunden.

Vor dem Aufnahmsgebäude des ursprünglichen Bahnhofs Gmunden-Traundorf steht am 11. Juli 1959 der Triebwagen 23 102. Ursprünglich sollte die Bahn von hier aus über die Traunbrücke mit der Straßenbahn verbunden werden. Realisiert wurde 2014 und 2018 die Verbindung über die Traunsteinstraße und den Klosterplatz.

Von Lambach bis Haag am Hausruck (26,394 Kilometer)

Die Lokalbahn begann im Bahnhof Lambach und benützte bis Neukirchen bei Lambach die Strecke der Westbahn. Dann bog die Bahn nach Nordwesten ab und gelangte neben dem Redlbach bis Gaspoltshofen und im Hausruckgebiet weiter bis zum Endbahnhof Haag im Hausruck.

Ab 1875 bemühte sich die Gemeinde Lambach um eine Bahnverbindung ins Hausruckgebiet, doch die Realisierung ließ lange auf sich warten. Die Konzessionserteilung erfolgte am 5. April 1899, der Baubeginn im April 1900, die Prüfung am 18. Juli 1901 und die Betriebsaufnahme am 23. Juli 1901. Am 13. April 1901 wurde die AG Lokalbahn Lambach-Haag gegründet. Die Verstaatlichung erfolgte am 1. Jänner 1930. Den Betrieb der eingleisigen Bahn führte die Staatsbahn. Bis 1919 brachte sie Gewinn, danach begann der Betriebsabgang. 1931 wollte die Staatsbahn die Bahn einstellen. Die Firma Stern & Hafferl bot der Bahn die Übernahme der Pacht und die Elektrifizierung an. Am 5. Oktober 1932 übernahm Stern & Hafferl die Betriebsführung und begann mit der Elektrifizierung. Nach der Prüfung am 5. April 1933 konnte am 8. April 1933 der elektrische Betrieb aufgenommen werden.

Am 28. Jänner 2000 passieren der Güterzug 76 962, gezogen von E 20 007, und der Gleichrichterwagen 25 052 die Haltestelle Aichkirchen. Der Gleichrichterwagen wurde nur im Abschnitt Lambach bis nach der Abzweigung Neukirchen bei Lambach benötigt, verblieb aber bis Bachmanning im Zug, da erst dort die Gleisanlagen zum Rangieren vorhanden waren.

Die Elektrifizierung der Westbahn führte 1949 zum Ersatz der Fahrleitung der Lokalbahn im gemeinsam benützten Teil durch jene für 17.000 Volt. Das machte den Einsatz von Gleichrichterwagen in den Zügen zwischen Lambach und Bachmanning erforderlich. Sie wandelten mit einem Quecksilberdampfgleichrichter den Wechselstrom in Gleichstrom für die Triebwagen der Lokalbahn um.

Ab 1989 ersetzten Zweisystemtriebwagen die Gleichrichterwagen. Doch auch die neuen Wagen konnten die Bahn nicht retten. Aufgrund der sinkenden Betriebsleistungen wurde der Betrieb am 12. Dezember 2009 eingestellt, die Konzession erlosch am 10. Dezember 2011.

Der Zweisystemtriebwagen 25 103 passiert am 28. Jänner 2000 als Regionalzug 8259 die Einfahrweichen von Bachmanning. Bei diesem Wagen brauchte auf der Systemwechselstelle nur die Stromart umgeschaltet werden.

Das noch von der Kaiserin Elisabeth-Bahn stammende Steinviadukt über den Schwaigerbach bei der Haltestelle Lambach passieren am 14. Mai 1978 Triebwagen 25 101 und Gleichrichterwagen EGL 25 052 sowie zwei Personenwagen bei der Fahrt Richtung Haag am Hausruck. Diese Brücke wurde im Oktober 1979 durch eine Betonbrücke und 1992 durch die heutige Brücke, auf der sich die Abzweigweichen zum Kalvarienbergtunnel befinden, ersetzt.

Am Endbahnhof Haag am Hausruck stehen die Lok E 20 001 und der Zug LH 30 mit Triebwagen 25 101. Die Lok 20 001 wurde 1916 für die Munitionsfabrik Wöllersdorf gebaut und kam 1935 zu Stern & Hafferl.

Von Landesgrenze nächst Teufelmühle bis Landesgrenze nächst Scharfling sowie Landesgrenze nächst Wacht bis Bad Ischl (22,9 Kilometer) und von St. Lorenz bis Mondsee (3,683 Kilometer)

Die Bahn kam aus Salzburg entlang der Fuschler Ache und überschritt in Kilometer 41,610 bei der Haltestelle Teufelmühle die Landesgrenze Salzburg-Oberösterreich. Nun gelangte sie zum Bahnhof St. Lorenz und neben dem Mondsee bis zur Landesgrenze Oberösterreich-Salzburg bei Scharfling. Neben dem Wolfgangsee ging es in Salzburg weiter, dann entlang der Ischl, wo die Bahn bei Wacht abermals nach Oberösterreich kam. Danach folgte sie der Ischl, durchquerte im 683 Meter langen Tunnel den Kalvarienberg und mündete in Bad Ischl Frachtenbahnhof in die Normalspurbahn. Auf dem in das Normalspurgleis verlegten Schmalspurgleis erreichte die Lokalbahn den Endbahnhof Bad Ischl.

In St. Lorenz begann die Zweigstrecke und führte in Richtung Norden zur Haltestelle Schwarzindien und dann neben dem Mondsee zum Endbahnhof Mondsee.

Kartonkarte der Salzkammergutlokalbahn mit Prägung: 3. August 1945. Diese Karte wurde vom Autor 1971 bei der Renovierung des Wagens 568 der ehemaligen Salzkammergutlokalbahn im Fensterschacht gefunden.

Um 1870 entstand das Projekt einer Lokalbahnverbindung von Salzburg und Bad Ischl. Es folgten Pläne einer Normalspurbahn, letztlich wurde eine Schmalspurbahn realisiert. Die Konzession wurde am 13. Jänner 1890 erteilt, am 22. September 1890 die Salzkammergutlokalbahn AG gegründet. Baubeginn auf dem Abschnitt von Strobl bis Bad Ischl Lokalbahnhof war im April

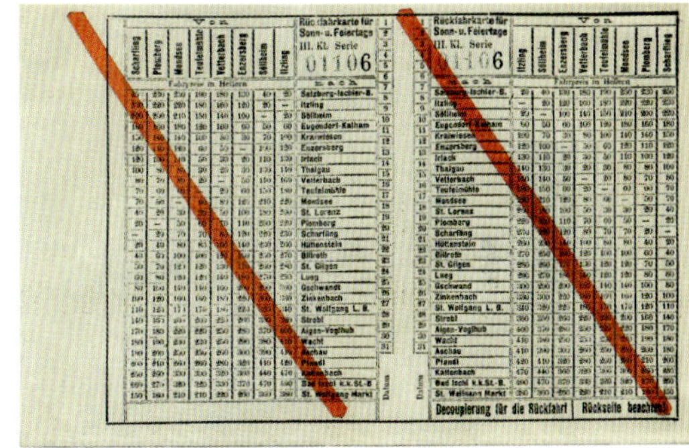

Doppelzettelkarte der Salzkammergutlokalbahn, wie sie vom Schaffner verkauft wurde, im Format von 191 mal 122 Millimeter. Die Karte wurde in der Mitte gefaltet, beim Markieren wurden beide Teile gelocht. Einen Teil bekam der Fahrgast, die zweite Hälfte blieb zur Abrechnung beim Schaffner.

Replik einer Kartonkarte nach Schwarzindien, der Haltestelle der Salzkammergutlokalbahn mit dem wohl auffälligsten Namen in Österreich.

1890. Nach der Prüfung am 4. August 1890 erfolgte am 5. August 1890 die Inbetriebnahme. Auf der Strecke von Salzburg bis Mondsee starteten die Bauarbeiten im August 1890. Nach der Prüfung am 27. Juli 1891, erfolgte die Inbetriebnahme am 28. Juli 1891. Der Baubeginn auf der Strecke von St. Lorenz bis Strobl und für den neuen Bogen nach Mondsee war im März 1892. Nach den Prüfungen am 19. Juni 1893 fand die Betriebsaufnahme am 20. Juni 1893 statt. Auf dem Abschnitt von Bad Ischl Lokalbahnhof bis Bad Ischl begann man mit den Bauarbeiten im Mai 1892, die Betriebsaufnahme erfolgte am 3. Juli 1894. Die Gesellschaft betrieb die eingleisige Schmalspurbahn mit 760 Millimeter Spurweite selbst.

In den Hochwasserjahren kam es zu Betriebsunterbrechungen, und zwar im Juli 1897 für drei Tage und vom 13. September bis 19. November 1899. Die Bahn erbrachte bis 1919 einen Betriebsüberschuss, dann ging der Verkehr zurück und das Unternehmen kam in finanzielle Bedrängnis. 1932 musste die Lokalbahngesellschaft die Schafbergbahn verkaufen.

Die Bahn überstand den Zweiten Weltkrieg unbeschädigt, doch waren die Bahnanlagen sanierungsbedürftig. Es bestanden Pläne zur Elektrifizierung der Bahn, doch die Politik wünschte die Auflassung. Der Einstellungsbescheid erfolgte am 29. September 1957, die Einstellung des Personenverkehrs am 30. September 1957, die Einstellung des Güterverkehrs am 10. Oktober 1957. Am 12. Mai 1958 erlosch die Konzession.

In Bad Ischl war vom Personenbahnhof bis zum Frachtenbahnhof im Normalspurgleis auch das Schmalspurgleis der Lokalbahn verlegt, damit die Lokalbahnzüge hier abfahren konnten. Die Lok 7 mit dem Personenzug 6511 wartet am 4. August 1957 auf die Fahrgäste, die mit dem Personenzug mit 1189.03 in Bad Ischl angekommen sind.

Vor dem Mondsee fährt am 2. August 1957 die Lok 10 mit Personenzug 6520 bei Plomberg nach Bad Ischl.

Am 28. August 1955 verlässt Lok 3 mit Personenzug den Bahnhof St. Lorenz in Richtung Salzburg, der Triebwagen TCa/s 672 fährt als Personenzug LM 13 nach Mondsee. Der Triebwagen wurde 1928 mit Dieselmotor gebaut, 1929 auf Benzinmotor und ab 17. Dezember 1932 auf Holzgasantrieb umgebaut. Mit der Stilllegung der Bahn kam er zu den Steiermärkischen Landesbahnen, dort wurde er nach langer Abstellzeit 1970 zum Barwagen umgebaut und ist so heute noch auf der Murtalbahn im Einsatz.

Von St. Wolfgang bis Landesgrenze nächst St. Wolfgang (480 Meter)

Die Zahnradbahn mit 1000 Millimeter Spurweite beginnt im Bahnhof St. Wolfgang in 544 Meter Seehöhe und passiert am Viadukt über den Dietl-Bach in Kilometer 0,480 die Landesgrenze zu Salzburg. Sie endet im Bahnhof Schafbergspitze in 1732,25 Meter Seehöhe.

Der Schafberg ist berühmt für seine grandiose Aussicht, was bereits 1862 zum Bau eines großen Hotels führte. 1871 und 1872 wurde eine Zahnradbahn auf den Berg geplant, doch verhinderte die Wirtschaftskrise deren Realisierung. Jahre später baute die Salzkammergutlokalbahn die Bahn und führte den Betrieb. Die Erteilung der Konzession erfolgte am 13. Jänner 1890, der Baubeginn im April 1892, die Prüfung am 31. Juli 1893 und die Eröffnung am 1. August 1893. Die erfolgreiche Bahn sorgte jährlich für einen Betriebsüberschuss, musste aber wegen finanzieller Probleme des Eigentümers am 1. Juni 1932 an das Österreichische Verkehrsbüro verkauft werden, das den Betrieb durch die Staatsbahn führen ließ. 1938 wurde die Bahn verstaatlicht und am 17. März 2006 an die Salzburg AG verkauft.

Die Schafbergbahn ist heute eine moderne Zahnradbahn mit Dampf- und Diesellokomotiven.

Die Bundesbahn ließ die Hauptausbesserungen der Lokomotiven der Schafbergbahn in Knittelfeld durchführen. Dazu mussten die Loks auf dem Straßenweg zur Westbahn gebracht werden. Das Bild zeigt den Transport der Z 3 (früher 999.103) am 2. Mai 1975 von Vöcklabruck zur Schafbergbahn kurz vor St. Wolfgang.

Am Viadukt über den Dietl-Bach, mit drei Bögen zu je acht Meter Weite, befindet sich die Landesgrenze. Am 1. August 1996 strebt Z 11 (früher 999.201) mit Zug 3714 Richtung Schafbergspitze. Während die Wagen schon in Salzburg unterwegs sind, befindet sich die Lok noch in Oberösterreich.

Von Unterach bis See (3,258 Kilometer)

Die elektrische Lokalbahn führte vom Dampfer-Anlegeplatz in Unterach unter teilweiser Benützung der Bezirksstraße zum Landungsplatz See am Mondsee.

Ab 20. März 1869 gab es am Attersee, ab 1872 am Mondsee und Wolfgangsee einen Dampfschiffbetrieb. Die Bahnstrecken zum Attersee, Mondsee und Wolfgangsee ermöglichten ab 1891 einen Rundreiseverkehr durch das Seengebiet. Einzig zwischen Attersee und Mondsee musste weiter auf Pferdefuhrwerke zurückgegriffen werden, was um 1900 zum Plan einer Eisenbahnverbindung führte. Die Konzessionserteilung erfolgte am 7. Juni 1907, der Baubeginn am 2. April 1907, die Prüfung am 16. August 1907, die Betriebsaufnahme am 18. August 1907. Die eingleisige Schmalspurbahn mit 1000 Millimeter Spurweite und elektrischem Betrieb wurde nur in den Monaten Mai bis Oktober betrieben. Am 22. Februar 1910 wurde die Elektrische Lokalbahn Unterach-See mit AG gegründet. Güterverkehr gab es vom 28. April 1909 bis 30. September 1911.

Die Bahn brachte bis 1932 Gewinn. Die Konkurrenz neuer Autobuslinien senkte die Frequenz der Bahn in den Folgejahren jedoch stark. Während des Zweiten Weltkrieges eingestellt, war die Bahn von 1945 bis 1949 wieder in Betrieb. Doch die Wiederinbetriebnahme der Autobuslinien führte am 18. September 1949 zur Einstellung und 1952 zum Abtrag der Bahn.

Zwei Karten der Lokalbahn von See nach Unterach aus der Zeit nach dem Ersten Weltkrieg im Format von 70 mal 50 Millimeter.

Von Vöcklabruck bis Kammer-Schörfling (11,146 Kilometer)

Die Lokalbahn beginnt am Bahnhof Vöcklabruck der Westbahn und benützt die ersten 2,657 Kilometer bis zur Abzweigung Vöcklabruck 1 die Westbahnstrecke mit. Dann biegt die Strecke nach Süden ab und folgt der Ager bis zum am Seeufer liegenden Bahnhof Kammer-Schörfling.

Ab 20. März 1869 verkehrten Dampfschiffe am Attersee, doch erst 1880 entstand der Plan einer Eisenbahn zum Attersee. Die Erteilung der Konzession an den Bauunternehmer Ritter von Keißler und der Baubeginn erfolgten am 1. August 1881, die Prüfung am 22. April 1882 und die Betriebsaufnahme am 1. Mai 1882. Die Bahn wurde vom Konzessionsinhaber an die Staatsbahn verpachtet und erst am 1. Jänner 1939 verstaatlicht. In den Hochwasserjahren war die Bahn vom 31. Juli bis 6. August 1897 und vom 13. bis 20. September 1899 unterbrochen. Der Neubau der Papierfabrik in Lenzing 1939 brachte der Bahn eine starke Steigerung des Güterverkehrs. Im Zuge der Elektrifizierung der Westbahn wurde hier am 27. Juli 1955 der elektrische Betrieb aufgenommen. Im Bahnhof Kammer-Schörfling kam es am 12. Dezember 2010 zur Auflassung der Güterabfertigung und am 18. April 2014 zur Schließung des Bahnhofs. Die neue Haltestelle Kammer-Schörfling ist seit 30. Juni 2014 in Betrieb. Der starke Güterverkehr zur Papierfabrik in Lenzing sichert zumindest diesen Teil der Bahn langfristig.

Die neue Haltestelle Kammer-Schörfling besteht nur aus einem Stumpfgleis und einem Bahnsteig mit Dach, wie man hier am 14. August 2019 mit 4023 010 als Regionalzug 3270 sieht.

Im August 1971 hat die 1073.14 mit einem Personenzug den Bahnhof Kammer-Schörfling verlassen und fährt nun entlang der Ager Richtung Vöcklabruck.

1968 wurden im Bahnhof Kammer-Schörfling die gesamte Gleisanlage und die Fahrleitung erneuert. Während dieses Umbaues waren wieder Dampflokomotiven im Einsatz. Am 21. September 1968 erreicht 77.39 mit Personenzug 6617 den im Umbau befindlichen Bahnhof.

Museumsbahn von Timelkam bis Ampflwang (10,720 Kilometer)

Die Bahn zweigt in der Mitte des Bahnhofs Timelkam ab, gelangt ins Tal des Ampflwanger Baches und führt dort zur Verladeanlage in Ampflwang.

Als das Kohlenvorkommen in Thomasroith 1920 erschöpft war, verlagerte sich die Kohlenförderung nach Ampflwang. Zum Abtransport der Kohle wurde am 18. August 1924 eine Bahn mit 600 Millimeter Spurweite von Ampflwang bis Timelkam in Betrieb genommen, auf Normalspur umgebaut und vom 18. August 1925 bis zur Schließung der Kohlengrube am 30. September 1995 als Anschlussbahn betrieben. Am 6. Juli 1997 wurde sie von der Österreichischen Gesellschaft für Eisenbahn als Museumsbahn mit einem Eisenbahnmuseum im Bereich der ehemaligen Kohlenverladeanlage in Betrieb genommen.

Am 15. Mai 1978 war die Kohlenverladung in Ampflwang noch voll in Betrieb. Die Werklok 2 wartet mit mehreren Kohlenwagen auf die Beladung.

Von Vöcklamarkt Lokalbahn bis Attersee (13,714 Kilometer)

Die Bahn beginnt neben dem südlichen Gleis des Bahnhofs Vöcklamarkt, biegt nach Süden ab, steigt bis Kilometer 6,2 an und gelangt neben der Dürren Ager nach St. Georgen im Attergau. Nun steigt die Strecke bis Thern an und fällt danach bis zum Bahnhof Attersee ab. Bis 1971 bog die Bahn danach nach links ab und endete etwa 300 Meter später in der Haltestelle Attersee Landungsplatz.

Papierkarte der Lokalbahn von Vöcklamarkt nach Attersee um 1960 im Format von 58 mal 90 Millimeter.

Die Gemeinde St. Georgen im Attergau bemühte sich ab 1890 um eine Verbindung zur Westbahn. Mit einer schmalspurigen elektrischen Lokalbahn wurde dies realisiert. Die Konzessionserteilung erfolgte am 6. April 1912, die Gründung der Lokalbahn Vöcklamarkt-Attersee AG am 15. Februar 1913 und der Baubeginn im April 1912. Nach der Prüfung am 4. Jänner 1913 ging die Bahn am 14. Jänner 1913 in Betrieb. Den Bau der Bahn mit 1000 Millimeter Spurweite übernahm Stern & Hafferl, den Betrieb die Gmundner Elektrizitäts AG und ab 1. September 1925 Stern & Hafferl.

1913 wurde die Bahn um 332 Meter zum Attersee-Landungsplatz verlängert. Nach der Prüfung am 30. Mai erfolgte am 7. Juni die Inbetriebnahme. Bis 1931 erwirtschaftete die Bahn einen Betriebsüberschuss.

1914 wurde zum Umladen auf die Schiffe ein 229 Meter langes Gleis zum Schiffsmolo in Betrieb genommen. 1941 baute man das Molo um, damit die Wagen auf ein Schiff verladen und zum am Ufer des Attersees gelegenen Sägewerk Häupl gebracht werden konnten. Dieses einzige Eisenbahntrajekt in Österreich bestand bis zum 30. August 1966. Der Ausbau der Atterseebundesstraße erforderte am 15. September 1971 die Auflassung des Streckenstückes bis Attersee Landungsplatz.

Die Beschaffung neuer Triebwagen im Jahr 2016 zeigt, dass der Bestand der Lokalbahn auch in Zukunft gesichert ist.

Am 30. August 1966 fand die letzte Trajekt-Fahrt am Attersee statt. Das 1943 in der Schiffswerft Linz mit der Nummer 918 gebaute Schiff bringt die beladenen Wagen 26 462, 26 446 und 26 404 vom Sägewerk Häupl zum Molo der Schiffsanlegestelle im Bahnhof Attersee.

Das Schiff hat am Molo angelegt, der Triebwagen 26 101 steht bereit, um ein letztes Mal die Wagen vom Schiff an Land zu ziehen.

Am 13. September 1975 steht am Lokalbahnhof in Vöcklamarkt Triebwagen 26 105 zur Abfahrt als Zug VA 39 bereit. Die Brücke hinter dem Zug führt vom Bahnhof der Westbahn zum Lokalbahnhof. Der Wagen 26 195, Baujahr 1936, kam 1962 gebraucht von der Rheinbahn hierher. Heute fahren hier die gleichen neuen Wagen wie auf der Straßenbahn in Gmunden.

Von Landesgrenze nächst Friedburg bis Braunau am Inn (34,992 Kilometer)

Die Strecke zweigt in Steindorf bei Straßwalchen von der Westbahn ab, biegt nach Norden ab und überquert in Kilometer 3,278 die Landesgrenze zwischen Salzburg und Oberösterreich. Danach verläuft sie am Rande des Kobernaußer Waldes bis Mattighofen und folgt dann der Mattig bis Braunau am Inn.

Erste Pläne einer Bahn von Braunau nach Straßwalchen und weiter durch das Salzkammergut bis Bruck an der Mur gehen auf das Jahr 1864 zurück. Realisiert wurde nur die Bahn von Braunau am Inn bis Straßwalchen. Die Konzessionserteilung erfolgte am 4. Mai 1872, die Gründung der k. k. priv. Braunau-Straßwalchener Bahn am 12. Juli 1872 und der Baubeginn im Juli 1872. Nach der Prüfung am 30. August 1873 wurde die Strecke am 10. September 1873 in Betrieb genommen.

Die Gesellschaft hatte von Anfang an Finanzprobleme und konnte nicht einmal Fahrzeuge beschaffen, daher führte die Kaiserin Elisabeth-Bahn gegen Kostenersatz den Betrieb. Als das Unternehmen auch diese Kosten nicht mehr zu bezahlen in der Lage war, stellte die Kaiserin Elisabeth-Bahn am 31. August 1875 den Betrieb ein. Die Eisenbahnbehörde verhängte am 1. September 1875 die Zwangsverwaltung und setzte die Betriebsaufnahme am 3. September 1875 durch. Am 31. Mai 1877 übernahm der Staat die Bahn. Bis zum 1. Jänner 1882 führte die Kaiserin Elisabeth-Bahn den Betrieb, anschließend die Staatsbahn.

Die ursprüngliche Hauptbahn wurde ab 1. August 1881 zur Nebenbahn rückgebaut, um die Betriebskosten zu senken. Die Hochwasserjahre setzten der Strecke stark zu. Vom 30. Juli bis 18. September 1897 war sie unterbrochen. Am 30. Juli 1897 stürzte die Mattigbrücke vor Braunau am Inn ein. Vom 13. September bis 15. November 1899 gab es erneut eine Unterbrechung. Als die Mattigbrücke noch einmal zerstört wurde, verlegte man die Strecke, verband sie bei der provisorischen Abzweigung Mining 1 mit der Strecke aus Neumarkt-Kallham und baute dort eine neue gemeinsame Mattigbrücke. Zur Verbesserung der Überholungs- und Kreuzungsmöglichkeiten wurden 1938 die Bahnhöfe ausgebaut und verlängert.

Die Bahn blieb ziemlich unverändert weiter in Betrieb. Doch nun soll sie in den Nahverkehr von Salzburg einbezogen und bis 2029 elektrifiziert werden.

Von Friedburg-Lengau bis Schneegattern (5,715 Kilometer)

Die eingleisige Strecke zweigte am Nordkopf des Bahnhofs Friedburg von der Bahn nach Braunau am Inn ab und gelangte in östlicher Richtung im Riedlbachtal bis zum Endbahnhof Schneegattern.

Um die Holzabfuhr aus dem Kobernaußerwald zu erleichtern, wurde vom Bahnhof Friedburg aus eine Anschlussbahn nach Schneegattern gebaut. Der Baubeginn erfolgte im Juli 1887, die Prüfung am 8. September 1887, die Inbetriebnahme am 9. September 1887 und die Konzessionserteilung am 4. Jänner 1888. Infolge der Vergrößerung der in Schneegattern bestehenden Glashütte und Sägewerke wurde die Bahn am 1. Mai 1899 zur öffentlichen Bahn und erhielt auch Personenverkehr. Aufgrund von Hochwasserkatastrophen kam es vom 30. Juli bis 16. August 1897 und 12. bis 26. September 1899 zu Betriebseinstellungen. Am 30. September 1961 wurde der Personenverkehr, am 8. Mai 1992 der Güterverkehr eingestellt, 1998 die Gleise abgetragen.

Von Landesgrenze nächst St. Georgen bei Salzburg bis Ostermiething (7,616 Kilometer)

Die Lokalbahn erreicht auf der Brücke über das Moosachtal in Kilometer 4,000 das Land Oberösterreich. Parallel zur Salzach strebt die Bahn Richtung Norden über Trimmelkam, dann durch einen kleinen Einschnitt bis zum neuen Endbahnhof Ostermiething.

1896 wurde die von Salzburg nach Lamprechtshausen führende Lokalbahn fertiggestellt und bis 1950 durchgehend elektrifiziert. Der Weiterbau der Lokalbahn war mehrfach geplant, kam aber nie zustande.

Im 18. Jahrhundert waren im Salzachgebiet bei Wildshut Braunkohlevorkommen entdeckt worden. 1946 wurde deren Ausbeutung beschlossen, ab 1948 schuf man eine moderne Bergwerksanlage bei Trimmelkam. Zum Abtransport der Kohle entstand eine elektrische Normalspurbahn, die in Bürmoos von der Lokalbahn aus Salzburg abzweigte. Die Gründung der Salzach-Kohlen-Bergbau-Ges. m. b. H. erfolgte am 18. November 1947, die Konzessionserteilung am 28. März 1953 und der Baubeginn 1948. Der Güterverkehr ging am 1. April 1951 in Betrieb, der Personenverkehr am 18. Mai 1952. Stern & Hafferl führte das Unternehmen.

1993 wurde der Bergbau geschlossen und am 1. Jänner 1994 die Bahn an die Salzburger Stadtwerke AG verkauft, deren Verkehrsbetriebe seither den Betrieb führen. Der stark zunehmende Personenverkehr zur Stadt Salzburg führte zu Planungen einer Verlängerung der Bahn. Der Oberösterreichische Landtag beschloss am 8. Juli 2010 eine Verlängerung bis Ostermiething. Der Baubeginn der 2,901 Kilometer langen neuen Strecke erfolgte am 6. November 2013, die Eröffnung fand am 12. Dezember 2014 statt. Der Bahnhof Ostermiething wurde so gebaut, dass eine weitere Verlängerung der Bahn ungehindert möglich ist.

Auf der Brücke über die Moosach haben am 28. November 1969 die Wagen 20 102 und 20 105 soeben Oberösterreich verlassen und erreichen in Kürze die Haltestelle St. Georgen bei Salzburg.

In Trimmelkam ist am 23. Juni 1968 der Kohlenbergbau voll in Betrieb. Für den lokalen Personenverkehr steht der 26 105 mit einem Personenwagen bereit. Rechts daneben ist die E 27 001 mit einem Sonderzug zu sehen.

Was hier wie eine Straßenbaustelle aussieht, ist die Baustelle einer neuen Lokalbahn. Der Streckenbau begann in Ostermiething und ist am 5. Februar 2014 bei der Haltestelle Diepoltsdorf angelangt. Die LKW fahren bereits auf der zukünftigen Bahntrasse.

Am 13. Dezember 2014 steht die Garnitur des Eröffnungszuges der Strecke mit den Wagen ET 32, BC 162, B 158 und ET 33 im neuen Bahnhof Ostermiething.

Die Straßenbahnen

Linz: Straßenbahn

Die ersten Pläne einer Pferdestraßenbahn von Linz Hauptbahnhof nach Urfahr stammen aus dem Jahr 1877. Die Erteilung der Konzession für die Pferdebahn mit 900 Millimeter Spurweite erfolgte am 16. August 1879, der Baubeginn am 11. Mai 1880, die Prüfung am 28. Juni 1880 und die Betriebsaufnahme zwischen Goethekreuzung und Rudolfstraße am 1. Juli 1880 sowie zwischen Goethekreuzung und Hauptbahnhof am 11. Juli 1880. Der Betriebsbahnhof befand sich am Platz des Bahnhofs Urfahr der Pferdebahn von Linz nach Budweis (heute etwa bei der Schleife Sonnensteinstraße). Nach der Eröffnung der Mühlkreisbahn kam es zur Verlängerung bis zu deren Bahnhof in Urfahr. Diese Strecke ging am 14. April 1895 in Betrieb.

Die Pferdestraßenbahn bewährte sich, wurde aber so wie in vielen anderen Städten durch eine elektrische Straßenbahn ersetzt. Die Konzessionserteilung für die elektrische Straßenbahn und das E-Werk erfolgte am 30. April 1897, die Gründung der Tramway- und Elektrizitäts-Gesellschaft am 15. Februar 1898. Die Pferdebahn wurde umgebaut, in Urfahr bis zur Landgutstraße verlängert und am 31. Juli 1897 gemeinsam mit dem neuen Betriebsbahnhof (1983 aufgelassen) eröffnet.

Weitere Strecken folgten: Am 19. Dezember 1902 wurde der Abschnitt vom Blumauerplatz bis Kleinmünchen eröffnet, die Verlängerung bis vor die Traunbrücke am 30. Dezember 1902 und über die Traunbrücke nach Ebelsberg am 30. Juni 1929. Am 22. November 1914 ging die Strecke von Waldeggstraße bis Weißenwolffstraße in Betrieb mit Verlängerungen bei der Weißenwolffstraße am 1. November 1919 und der Weingarthofstraße am 29. Jänner 1933. Die Schrankenanlage bei der Kreuzung mit der Westbahn führte zu starken Behinderungen im Straßenbahnbetrieb. Vom 19. Dezember 1917 bis 7. November 1937 bestand eine Umfahrungsstrecke mit Unterführung über die Friedhofstraße. Die Straßenbahn benutzte ab 12. November 1937 die neue Unterführung Wiener Straße und ab 27. September 1940 die neue Nibelungenbrücke.

Ab 16. Oktober 1944 kam es zu Bombenschäden bei der Straßenbahn und einer daraus resultierenden Betriebsunterbrechung vom 4. Mai bis 22. September 1945. Die Grenzkontrollen bei der 1945 errichteten Demarkationslinie auf der Nibelungenbrücke behinderten bis 19. Oktober 1953 den Straßenbahnbetrieb stark. Die nur eingleisig gebaute Strecke nach Ebelsberg erhielt bis 1966 und die Querlinie bis 1952 das zweite Streckengleis. In Kleinmünchen entstand vom 15. Februar 1950 bis zum 1. Oktober 1951 eine neue Remise für 60 Fahrzeuge. Linz hatte damals noch keinen Konzertsaal, daher verwendete man diese Remise, die eine sehr gute Akustik hat, mehrmals als Konzertsaal. Selbst Karajan hat hier dirigiert.

Am 23. Juli 1967 fahren Triebwagen 15 und Beiwagen 140 als Zug der Linie V in der Landstraße in Linz. Bis 9. September 1974 wurden die Linien mit Buchstaben bezeichnet.

Am 23. Juli 1967 fährt Wagen 29 auf der 1968 eingestellten Linie M in der Rudigierstraße. Im Hintergrund ist das Querschiff mit dem Friedensfenster des neuen Linzer Doms zu erkennen.

Am 8. Juni 2003 fährt der Triebwagen 78 der Linie 3 über den Hauptplatz von Linz. Hinter dem im Bild sichtbaren Gebüsch befindet sich heute die Abfahrtsstelle der Pöstlingbergbahn.

Am 26. Juli 1953 wartet der Zug der Linie E mit den Wagen 15, 112 und 111 am Fadingerplatz in Ebelsberg auf die Abfahrt. Diese Ausweiche hatte drei Gleise, da sie die Endstation der Straßenbahn und die Anfangsstation der Lokalbahn nach St. Florian war.

Am Hauptplatz in Traun ist aus Platzmangel die neue Straßenbahnlinie ein kurzes Stück nur eingleisig. Der Wagen 075 ist als Zug der Linie 4 am 22. November 2016 auf dieser Stelle unterwegs.

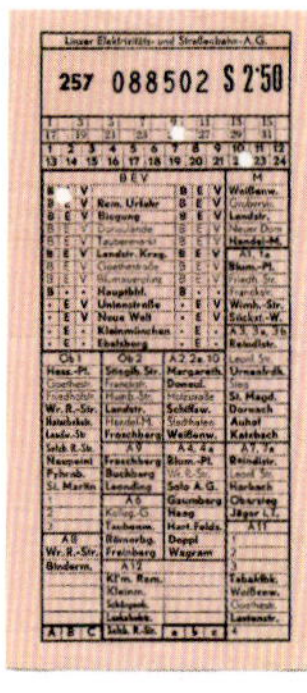
Linzer Elektrizitäts- und Straßenbahn-A.G.
257 088502 S 2'50
BEV
Rem. Urfahr
Biegung
Landstr. Kreuz.
Hauptbhf.
Unionstraße
Neue Welt
Kleinmünchen
Ebelsberg
M
Weißenw.
Landstr.
Handel-M.
Blum.-Pl.
Wimh.-Str.
Reindlstr.
Ob 1
Hess.-Pl.
Wr. R.-Str.
Ob 2
Stieglb. Str.
Landstr.
Froschberg
A 2, 2a, 10
Margareth.
Donaul.
Schiffsw.
Weißenw.
Urnenfrdh.
St. Magd.
Dornach
Auhof
Katzbach
A 9
Froschberg
Buchberg
Leonding
A 4, 4a
Blum.-Pl.
Solo A.G.
Gaumberg
Haag
Hart Felds.
Doppl
Wagram
A 7, 7a
Reindlstr.
Harbach
Oberstieg
Jäger L.T.
St. Martin
A 6
Tschamm.
Bärnerbg.
Freinberg
A 8
Wr. R.-Str.
Bindern.
A 12
Kl'm. Rem.
A 11
Tabakfbk.
Weißenw.
Lastenstr.
A B C

Schaffnerkarte der Straßenbahn in Linz um 1960 im Format von 58 mal 99 Millimeter.

Als einzige Linie wurde am 3. März 1968 die 2,627 Kilometer lange Querlinie eingestellt. Danach folgte bis heute ein großzügiger Ausbau des Straßenbahnnetzes: Rudolfstraße bis Schleife Sonnensteinstraße (22. Dezember 1969), Fortsetzung Sonnensteinstraße bis Universität (5,6 Kilometer; 9. Dezember 1977), Simonystraße bis Auwiesen (1,5 Kilometer; 24. Juni 1985), Ebelsberg bis Hillerstraße (3,6 Kilometer; 2. April 2002), Scharitzerstraße über Hauptbahnhof bis Herz-Jesu-Kirche (Tunnelstrecke, 1,9 Kilometer; 31. August 2004). Diese Linie ersetzt die Linie über den Blumauerplatz und jene zum Bahnhof. Verlängerung Hillerstraße bis Solarcity (2,3 Kilometer; 2. September 2005), Hauptbahnhof bis Doblerholz mit neuem Betriebsbahnhof Weingartshof (13. August 2011), Verlängerung Doblerholz bis Trauner Kreuzung (2,7 Kilometer; 25. Februar 2016) und Verlängerung Trauner Kreuzung bis Schloss Traun (10. September 2016). Weitere neue Linien sind in Planung.

Linz: Pöstlingbergbahn (2,891 Kilometer)

Der Pöstlingberg ist durch die Wallfahrtskirche aus 1748 und die Aussicht auf Linz und die 300 Kilometer lange Alpenkette bekannt. 1891 plante man eine Zahnradbahn und änderte 1894 das Projekt auf eine elektrisch betriebene Adhäsionsbahn. Die Erteilung der Konzession erfolgte am 30. April 1897, der Baubeginn im Februar 1897, die Prüfung am 28. Mai 1898 und die Betriebseröffnung am 29. Mai 1898.

Die eingleisige Bahn mit 1000 Millimeter Spurweite beginnt in 261,10 Meter und endet in 518,7 Meter Seehöhe. Sie hat eine maximale Steigung von 117,5 Promille, die mit Elektrotriebwagen problemlos bewältigt werden konnte. Für das Bremsen mussten aber neue Wege angewendet werden. Die Schienenköpfe waren keilförmig ausgebildet. Von den Wagen reichten Bremszangen unter die Räder des Fahrzeugs bis zum Keilkopf der Schiene. Diese konnten im Bedarfsfall direkt die Schienen umklammern und den Wagen zum Stillstand bringen. Das System erforderte eine spezielle Weichenbauform mit beweglichen Backen- und Herzstückschienen, da die Schienen unter dem Fahrzeug nicht unterbrochen werden durften.

Die Bahn begann ursprünglich in der Kaarstraße hinter der Landgutstraße neben der Werkstätte der Straßenbahn, überquerte dann die Mühlkreisbahn und stieg zum Pöstlingberg an. Diese Gleiskreuzung brachte wegen der beweglichen Gleisstücke technische Probleme, daher wurde auf der anderen Seite der Mühlkreisbahn eine neue Abfahrtstelle gebaut und zu Saisonbeginn 1899 in Betrieb genommen. Die alte Kreuzung blieb noch bis 1902 für interne Zwecke bestehen. Die Bahn war unverändert 110 Jahre in Betrieb, dann führte eine erforderliche Erneuerung der Keilkopfschiene zu ihrem Umbau. Am 24. März 2008 endete der alte Betrieb.

Tramway- und Elektrizitäts-
Gesellschaft Linz—Urfahr.
Pöstlingbergbahn
Auf Verlangen offen vorzeigen.
161222 50 Heller
Giltig für die Fahrt Urfahr-Bergbahnhof auf den Pöstlingberg.
* Bergfahrt *

Die Fahrkarten der Pöstlingbergbahn wurden auch als Werbemittel verwendet. Die Karte stammt aus der Zeit vor dem Ersten Weltkrieg und hat das Format 63 mal 99 Millimeter.

Der neue Oberbau erhielt die Spurweite von 900 Millimeter der Linzer Straßenbahn und normale Schienen. Anstelle der Bremszangen sind nun Magnetschienenbremsen im Einsatz. Dieser Umbau ermöglichte es, dass die Fahrzeuge der Bergbahn auch im Straßenbahnnetz in Linz fahren können. Dazu kreuzt die Bergbahn wieder die Mühlkreisbahn, was wegen der normalen Schienenprofile problemlos möglich ist. Nach dieser Kreuzung mündet die Pöstlingbergbahn in die Straßenbahn. Die neue Abfahrtsstelle der Bergbahnzüge ist heute am Hauptplatz in Linz. Die alte Endstelle der Pöstlingbergbahn ist als Museum erhalten geblieben. Die umgebaute Bahn nahm am 29. Mai 2009 den Betrieb auf.

Wegen der Zangenbremsen durfte auch bei Weichen der Keilkopf der Schienen nicht unterbrochen werden, was eine aufwendige Konstruktion der Weiche erforderte. Vorn ist das Schienenprofil mit dem Keilkopf gut zu sehen. Diese Weiche in der Ausweiche Hagen wurde am 23. Juli 1967 fotografiert.

Das klare Wetter am 10. Juli 1959 ermöglichte von Schableder aus diesen herrlichen Blick auf die Stadt Linz bei der Bergfahrt des Wagens II.

Talfahrt des Triebwagens I bei der Ausweiche Schableder am 10. Juli 1959. Im Hintergrund ist die 1742 bis 1774 gebaute Pfarr- und Wallfahrtskirche am Pöstlingberg zu sehen.

Am Bergbahnhof in Urfahr, in dem heute das Museum der Pöstlingbergbahn untergebracht ist, stehen am 10. Juli 1959 die Wagen IV und VII zur Bergfahrt bereit. Wagen IV wurde 1995 an die Straßenbahn Gmunden verkauft, auf normale Bremsen umgebaut und dort als Triebwagen 100 in Betrieb genommen.

Die Bergstation der Pöstlingbergbahn ist der Befestigungsturm IV des Forts Pöstlingberg, das 1831 bis 1834 gebaut wurde. Am 7. Juni 1998 warten die Wagen XVII, XIV und X auf die Talfahrt. Die rote Scheibe am Wagen XVII zeigt an, dass ihm bei der Fahrt ein weiterer Wagen folgen wird.

Gmunden (3,075 Kilometer)

Mit der Eröffnung der Strecke von Stainach-Irdning nach Schärding erhielt Gmunden 1877 einen neuen, vom Stadtzentrum weit entfernten Bahnhof. Daher bemühte sich die Firma Stern & Hafferl um eine Straßenbahn vom Bahnhof in die Stadt. Die Erteilung der Konzession und der Baubeginn erfolgten am 13. Juni 1894, Prüfung und Eröffnung am 13. August 1894, die Gründung der Gmundner Elektrizitäts AG am 22. Jänner 1895.

Die eingleisige elektrische Straßenbahn mit 1000 Millimeter Spurweite war 2,595 Kilometer lang und endete am Rathausplatz. Sie ist nach der am 20. Juli 1894 in Betrieb genommenen elektrischen Werksbahn der Zipfer Brauerei die zweitälteste elektrische Bahn in Oberösterreich. Den Betrieb führte die Gmundner Elektrizitäts AG bis 1. September 1925, danach Stern & Hafferl. Die geplante Verbindung der Straßenbahn mit der Lokalbahn scheiterte immer an den Kosten. Am 9. November 1944 beschlagnahmte das Verkehrsministerium die Straßenbahn, wünschte den Abtrag und die Verwendung des Materials im „Altreich“. Der Abtrag unterblieb letztlich.

Die Verkehrssituation in Gmunden führte ab 6. Juni 1975 zur Verkürzung der Straßenbahn um 250 Meter mit Endstelle am Franz-Josefs-Platz und 1991/1992 zu Plänen zur Einstellung. Doch Bemühungen zur Erhaltung hatten Erfolg. Bis 2008 wurde die Bestandsstrecke saniert. Am 13. Juni 2013 beschloss der Oberösterreichische Landtag die Verlängerung der Straßenbahn und den Anschluss an die Lokalbahn. Am 13. Dezember 2014 nahm die aus Vorchdorf-Eggenberg kommende Lokalbahn bis zum Klosterplatz den Betrieb auf, seit 11. Mai 2015 steht die Endstelle am umgebauten Bahnhof in Gmunden in Betrieb. Am 1. September 2018 erfolgte die Eröffnung der zweigleisigen Neubaustrecke bis zum Klosterplatz mit dem Anschluss und durchgehenden Betrieb an die Lokalbahn nach Vorchdorf-Eggenberg.

Am 29. August 1956 kommen aus dem Bahnhofsgebäude in Gmunden die Fahrgäste und steigen in den Triebwagen 7 der Straßenbahn. Diese Abfahrtsstelle war von der Eröffnung der Straßenbahn bis zum 10. April 2015 in Betrieb. Seit 11. Mai 2015 hat die Straßenbahn einen eigenen Bahnsteig direkt am Bahnhof. Der Triebwagen 7 kam 1951 von der Lokalbahn Unterach bis See nach Gmunden und war hier bis 1978 im Einsatz.

In der ursprünglichen Endstelle am Rathausplatz steht am 2. September 1954 Triebwagen 5. Heute ist hier die Straßenbahn zweigleisig ausgebaut und gelangt durch die anschließende Straße und die Hausdurchfahrt weiter zur Traunbrücke.

Triebwagen 4 plagt sich am 16. Juli 1959 bei der Haltestelle Tennisplatz die circa 100 Promille Steigung Richtung Bahnhof bergauf. Beachtenswert ist die Geschichte dieses Wagens. Er wurde 1913 für die Stadtstrecke Pressburg der Pressburger Bahn für Normalspur gebaut und kam 1951 zur Gmundner Straßenbahn, wo der Wagen auf 1000 Millimeter Spurweite umgebaut wurde und bis 1983 im Einsatz blieb.

Am 12. August 2012 steht Triebwagen 8 in der Endstelle Franz-Josefs-Platz. Vor dem Zug sieht man bereits die erneuerten Gleise. Noch endete die Straßenbahn hier, heute beginnt hier die weiterführende zweigleisige Strecke. Wagen 8 war der erste moderne Großraumtriebwagen dieser Straßenbahn und wurde 1962 gebaut.

Am 1. September 2018 wurde die Verlängerung der Straßenbahn in Gmunden eröffnet. Der Eröffnungszug ET 127, daneben ET 128, passiert die Traunbrücke.

Streckenskizzen

Bahnen in Oberösterreich 1937

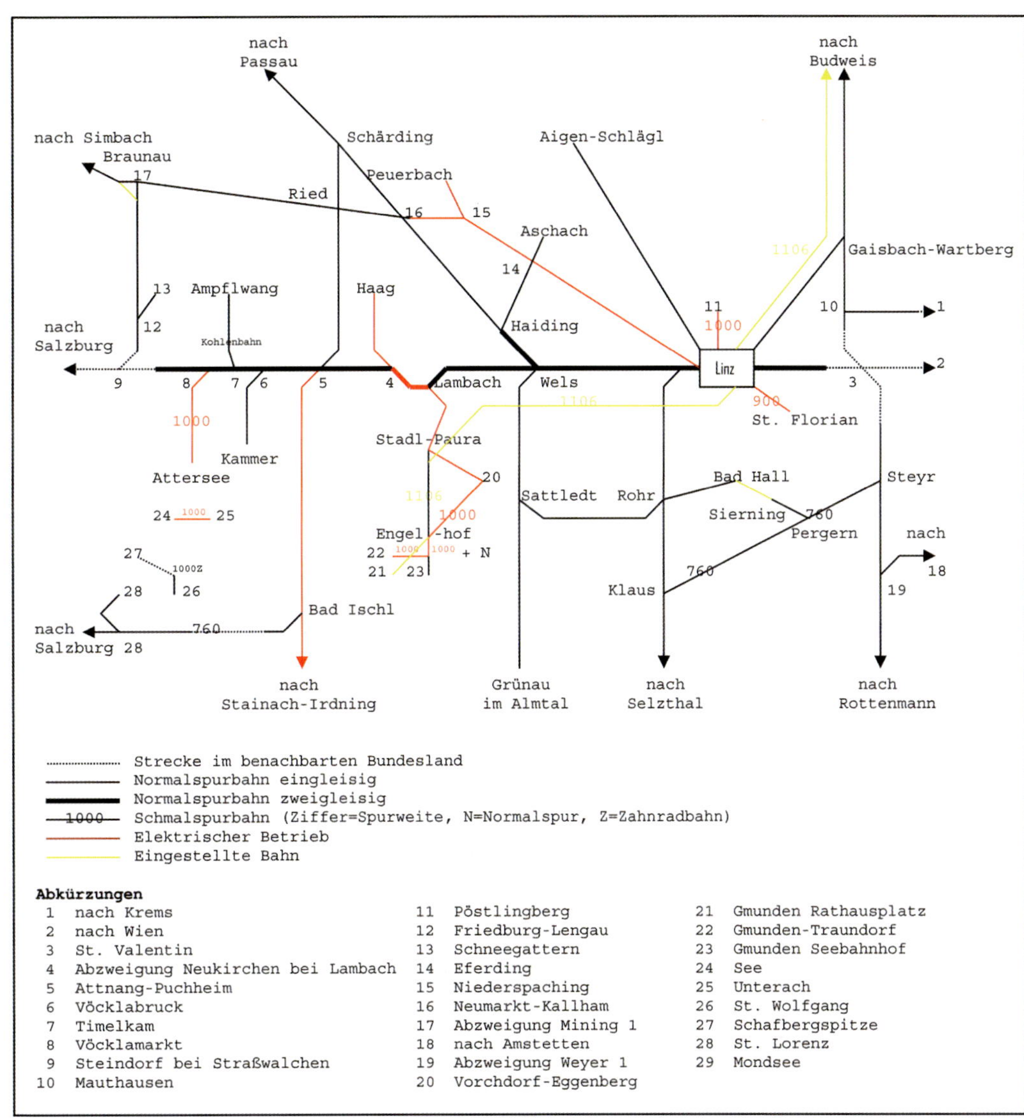

Bahnen in Oberösterreich 2020

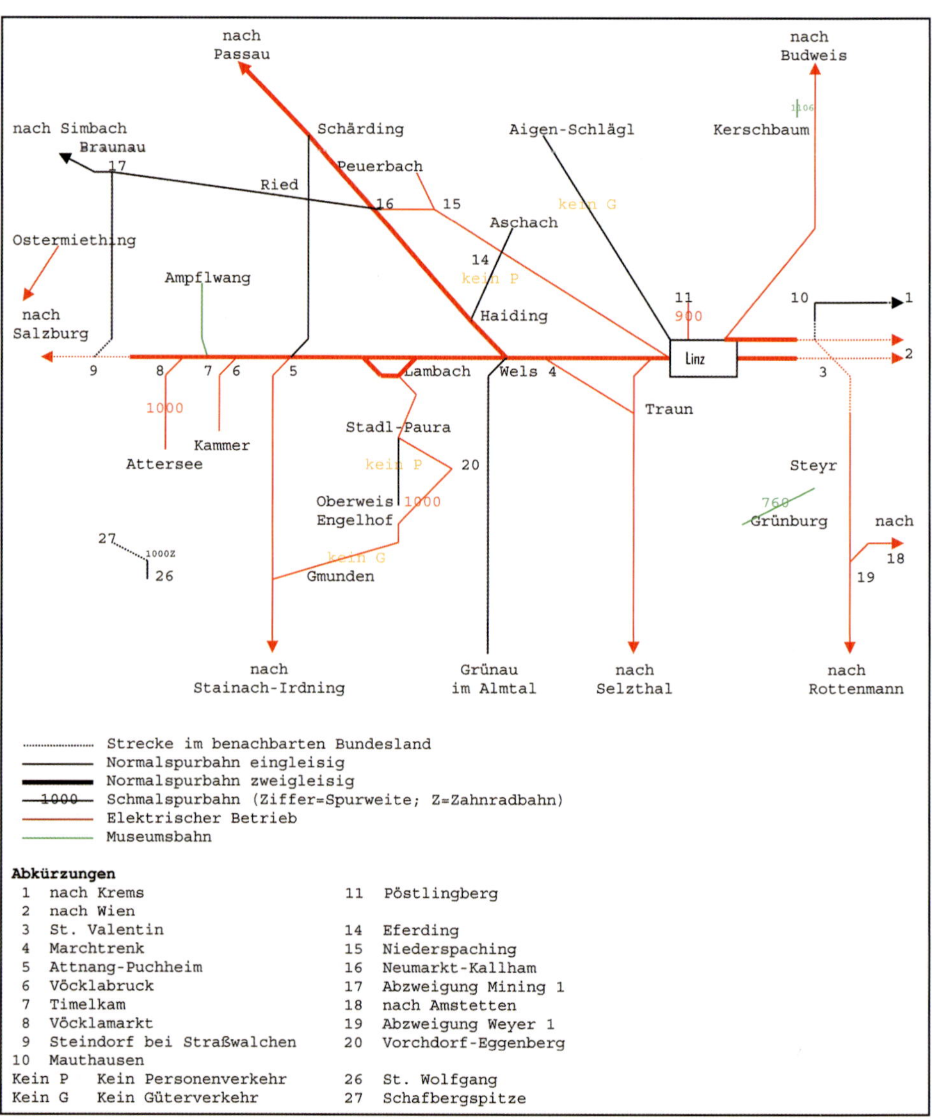

Ortsregister zu den Abbildungen

Bildnachweis

Heinz Albrecht: 35, 43, 54 oben
Kurt Feuerfeil: 15, 19 unten, 31 oben, 32, 44, 49, 51, 55, 58, 67 oben, 68 oben, 69, 74 links, 78, 79, 85, 89, 90, 99, 101, 117 oben, 123 unten
Ernst Lassbacher: 113, 118, 128 unten
Mag. Pharm. Alfred Luft: Titelbild, 8, 13, 14, 19 oben, 20, 28, 36, 38, 41, 47 oben, 54 unten, 57, 59, 64 oben, 65 unten, 67 unten, 77, 82, 84, 88, 92, 108, 115, 116, 117 unten, 121, 122, 123 oben, 125, 127
Harald Navé, Archiv Verband der Eisenbahnfreunde: 17, 34, 47 unten, 52, 65 oben, 74 rechts, 76, 81, 87, 95, 96, 97, 102, 126
Roland Rastl: 70, 91, 104
Peter Schmied: 106, 107, 111
Ing. Peter Wegenstein: 10 oben, 10 unten, 18 oben, 18 unten, 27, 30, 31 unten, 37, 39, 42, 45, 61, 63, 64 unten, 68 unten, 71, 73, 83, 98, 103, 112 oben, 112 unten, 120, 128 oben

Bereits erschienen:

Peter Wegenstein
Wege aus Eisen im Weinviertel
Zur Geschichte der Eisenbahnen im Viertel unter dem Manhartsberg
23,5 x 20 cm. 120 Seiten mit zahlreichen Abbildungen. Hardcover. € 19,90. ISBN 978-3-9503378-3-9

Peter Wegenstein
Wege aus Eisen im Waldviertel
Zur Geschichte der Eisenbahnen im Viertel ober dem Manhartsberg
23,5 x 20 cm. 124 Seiten mit zahlreichen Abbildungen. Hardcover. € 19,90. ISBN 978-3-9503739-2-9

Peter Wegenstein
Wege aus Eisen im Mostviertel
Zur Geschichte der Eisenbahnen im Viertel ober dem Wienerwald
23,5 x 20 cm. 124 Seiten mit zahlreichen Abbildungen. Hardcover. € 19,90. ISBN 978-3-9503952-9-7

Peter Wegenstein
Wege aus Eisen im Industrieviertel
Zur Geschichte der Eisenbahnen im Viertel unter dem Wienerwald
23,5 x 20 cm. 124 Seiten mit zahlreichen Abbildungen. Hardcover. € 19,90. ISBN 978-3-9504199-7-9

Peter Wegenstein
Wege aus Eisen in Wien
Zur Geschichte der Eisenbahnen in der Haupt- und Residenzstadt und Bundeshauptstadt Wien
23,5 x 20 cm. 124 Seiten mit zahlreichen Abbildungen. Hardcover. € 19,90. ISBN 978-3-9504383-5-2

Peter Wegenstein
Wege aus Eisen in der Steiermark
Zur Geschichte der Eisenbahn in der grünen Mark
23,5 x 20 cm. 132 Seiten mit zahlreichen Abbildungen. Hardcover. € 21,90. ISBN 978-3-9504720-5-9